Das sächsische Artilleriekorps

Die Geschichte der

reitenden Artillerie

1802 - 1809

Jörg Titze

Beiträge zur sächsischen Militärgeschichte zwischen 1793 und 1815

Heft 12

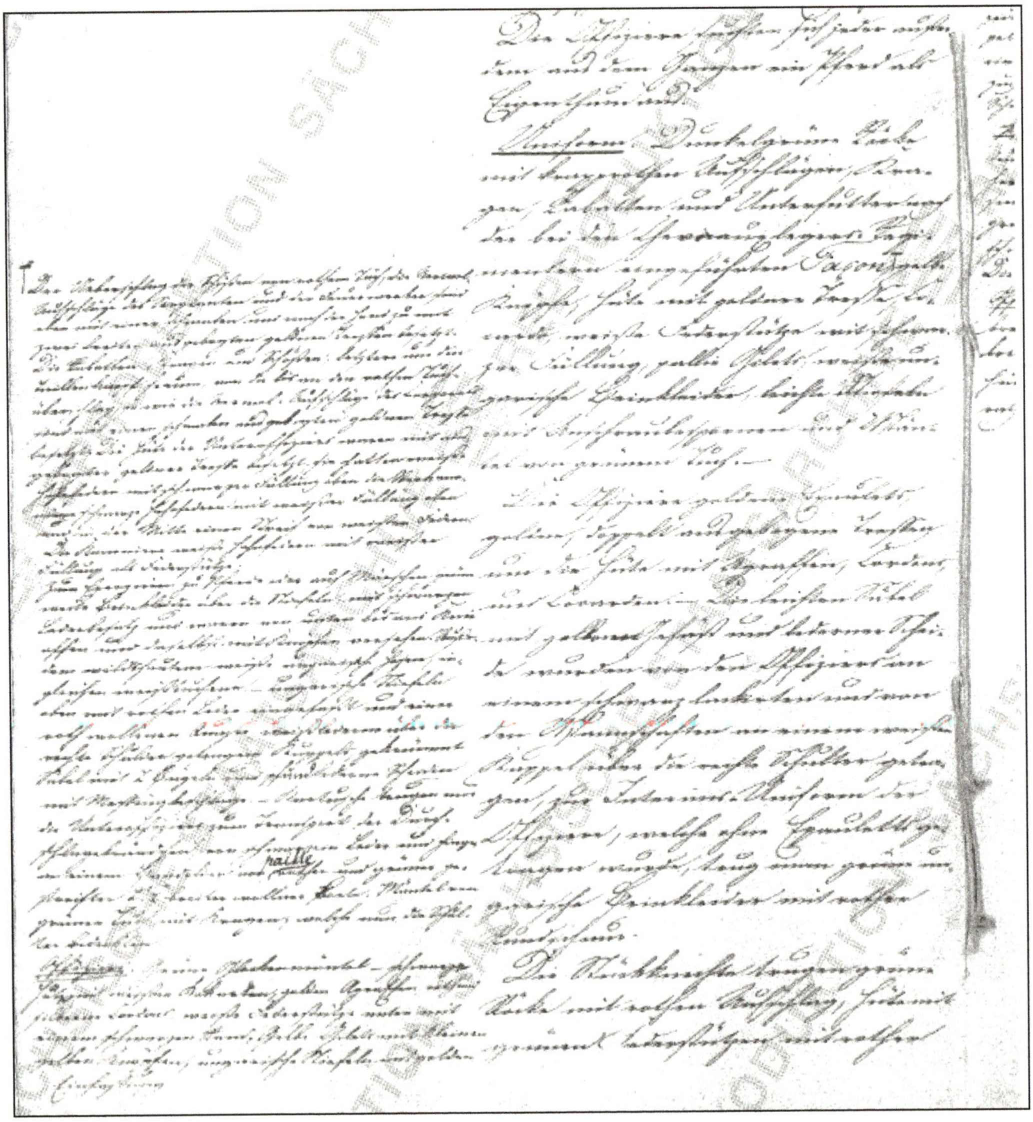

Abb. 01 Faksimile der Seite mit der Uniformierung von 1806

Das sächsische Artilleriekorps

Die Geschichte der

reitenden Artillerie

1802 – 1809

Bibliographische Information der Deutschen Bibliothek

Die Deutsche Bibliothek verzeichnet diese Publikation in der Deutschen Nationalbibliographie; detaillierte bibliographische Daten sind im Internet über http://dnb.ddb.de abrufbar.

Die Deutsche Bibliothek – CIP – Einheitsaufnahme

Jörg Titze (Hrsg.)

Das sächsische Artilleriekorps: Die Geschichte der reitenden Artillerie 1802 - 1809

ISBN 978-3-7481-8250-4

Herstellung und Verlag:

Books on Demand GmbH, Norderstedt, 2018

Inhaltsverzeichnis

0.   Einführung

Im Hauptstaatsarchiv in Dresden befindet sich die vom damaligen Adjutanten der reitenden Artillerie-Brigade, Oberleutnant Schmalz, in den Jahren 1833 – 1837 handschriftlich verfasste Geschichte der reitenden Artillerie mit dem Titel:

„Kriegsgeschichtliche Darstellung der sächsischen reitenden Artillerie in Beziehung ihrer verschiedenen Formierungen und des Anteils an den Feldzügen und Schlachten seit der Errichtung im Jahre 1806 bis zu ihrem gegenwärtigen Bestande.“

Im Jahre 2012 habe ich in den Teil für den Zeitraum 1810 – 1813 bereits in dieser Reihe veröffentlicht[1]. Der bevorstehende 210. Jahrestag des Feldzuges an der Donau hat mich veranlasst, nun auch den zu dieser Zeit passenden Teil der Geschichte in dieser Reihe zu veröffentlichen[2].

Der nachfolgende Text ist die getreue Wiedergabe des in deutscher Schreibschrift verfassten Originaltextes mit folgenden Ergänzungen:

1. Zur besseren Strukturierung wurde ein Register eingeführt.

2. Die Seitenumbrüche des nicht paginierten Originaltextes sind durch das Zeichen ‖ markiert.

3. Einzelne Wörter und Begriffe sind lediglich der modernen Schreibweise angepasst, z.B. Leutnant statt Lieutenant, Kompanie statt Compagnie u.ä..

4. Die Kommentare von fremder Hand im Originaltext sind mit NB bzw. ergänzt gekennzeichnet.

5. Die wenigen nicht korrekten Namens- und Ortsnamensnennungen im Originaltext sind entsprechend kommentiert. Gleichfalls sind im geringen Umfang Kommentare zum besseren Verständnis von Situationen und Begrifflichkeiten eingefügt.

Nicht eingegangen wird auch in diesem Teil kommentarseitig auf Fragen der Bewaffnung, Ausrüstung, Uniformierung, Bespannung und Ausbildung sowie des Exerzierens. Hier gestatte ich mir auf die Hefte 9 und 10[3] dieser Reihe, in welchen diese Fragen ausführlich abgehandelt werden, zu verweisen.

Wann der zur Napoleonischen Epoche gehörende Zeitraum von 1814 und 1815 zur Veröffentlichung kommt, kann zum jetzigen Zeitpunkt noch nicht näher bestimmt werden.

---

[1] Heft 8; bereits 2007 (Zeitraum 1810 – 1813) und 2008 (Zeitraum 1802 – 1809) erfolgte eine Veröffentlichung, allerdings in anderem Rahmen und in anderer Form.
[2] Im Gegensatz zu Heft 8 musste ich für diese Wiedergabe ein größeres Format wählen, um die vielen Tabellen lesbar darstellen zu können.
[3] No.9 – Das sächsische Artilleriekorps 1806-09 (III): Das Fuhrwesen
No.10 – Das sächsische Artilleriekorps 1806-09 (I): Das Feldartilleriecorps

Bedanken möchte ich mich bei den Damen und Herren des Hauptstaatsarchives in Dresden für die wie immer problemlose Bereitstellung der Akten.

Natürlich möchte ich mich auch bei Ihnen, verehrter Leser, dafür bedanken, dass Sie sich zum Kauf dieses Buches entschlossen haben. Insofern Sie Anregungen und Kritiken haben oder mir einfach nur mitteilen wollen, ob Ihnen das Buch gefallen hat, so können Sie mich via email unter sachsen-titze@t-online.de erreichen.

Ihr

     Jörg Titze

1.   Vorwort

Durch eine vor wenigen Jahren in England erschienene und in der Militair-Zeitung enthaltene königliche Verordnung die Geschichte jedes Regiments in Bezug auf dessen Stamm, verschiedene Formationen und dessen Teilnahmen an den Gefechten etc. einzusenden, ward ich auf das Thema dieser Ausarbeitung aufmerksam gemacht und glaubte, dasselbe um so mehr wählen zu können, als die frühern auf die verschiedenen Formationen der sächsischen reitenden Artillerie Bezug habenden Ordres in den Archiven des Korps und der Brigade nicht mehr vorhanden sind und ich durch die Güte der Herrn Major Probsthayn in den Stand gesetzt wurde, mich dieser ihm eigentlich gehörenden Ordres, Rapports und Befehlsbücher bedienen zu dürfen, wozu ich noch die nötigen Notizen von demselben erhielt.

Dieses Thema habe ich in mehrere Teile geteilt und behandelt der für dieses Jahr gelieferte Iste Teil die Jahre 1806, 1809, 1810 und 1811, von denen dieser wieder in Bezug auf die verschiedenen Formationen der sächsischen reitenden Artillerie in III Abschnitte, als

1.   das Jahr 1806

2.   das Jahr 1809

3.   die Jahre 1810 und 1811 geteilt ist. ‖

Außer dem Obigen und den Ranglisten habe ich zu dem Isten Abschnitt das Buch: „Bericht eines Augenzeugen von dem Feldzuge des während den Monaten September und Oktober 1806 unter dem Kommando des Fürsten zu Hohenlohe-Ingelfingen gestandenen Königl. Preußischen und Churfl. Sächsischen Truppen von R.v.L. (Rühle von Lilienstern) in zwei Teilen" so wie bei dem II.Abschnitt zu dem Feldzug in Sachsen „ den I.Abschnitt der Beiträge zu der Biographie des Generals Freiherrn von Thielmann etc., vom sächsischen Hauptmann Graf von Holtzendorff" benutzt.

Was den Feldzug an der Donau betrifft, so habe ich hierüber außer dem allgemein Bekannten, nur mir durch besondere Güte zugekommene Mitteilungen benutzen können, da hierüber kein die Sachsen besonders angehendes Werk existiert.

Der III.Abschnitt ist allein aus den vom Herrn Major Probsthayn mitgeteilten Ordres und Befehlsbüchern genommen.
Ich habe nicht fehlen geglaubt, wenn die Ausarbeitung bisweilen über die eigentliche Tendenz derselben geht, da ich die mir vorliegenden Schriften gern in ihrem ganzen Umfange benutzen wollte. ‖

2.   Einleitung

Die große Schwere der Geschütze in den frühern Zeiten machte schon auf das Bedürfnis eines leichten Geschützes zur Unterstützung der Kavallerie aufmerksam und so sollen die Franzosen die ersten gewesen sein, welche reitende Artillerie führten und sich deren schon im Jahre 1544 in der Schlacht bei Croissoles unter dem Herzog von Enghien bedient haben, wo die leichte Reiterei 3 Stück 4pfd.ge Kanonen bei sich führte. Ihnen folgten die Russen, deren Dragoner reitende Artillerie bei sich hatten. Nach dem 1sten Teil der Taktik für die drei verbundenen Waffen von Oberst von Decker fällt die Errichtung der reitenden Artillerie bei den Preußen in die Periode des 7jährigen Krieges und ist seitdem deren Unentbehrlichkeit in sofern allgemein anerkannt worden, als sie mit Ausnahme Östreichs und Baierns, welche fahrende Artillerie einführten, in allen größeren Armeen Europas errichtet wurde.

Gehen wir in die frühere Geschichte Sachsens zurück, so finden wir schon im Anfange des 17^{n} Jahrhunderts unter August II zu dem nordischen Krieg gegen Karl den XII., König der Schweden, zur Unterstützung der Kavallerie leichte ‖ Kanons von 2 Pfd. Kaliber, Dragonerstücke genannt, /: waren auch wie anzunehmen , die Bedienungs-Mannschaften beritten, so sieht man doch auch hier schon den Grundsatz folgen, dass Kavallerie Artillerie bei sich haben müsste, um ihr Offensiv-Element zu verstärken :/ welche noch unter August III zu dem so genannten Gesundheitsschießen gebraucht wurden, jedoch im 7jährigen Kriege wahrscheinlich verloren gingen, da sie seit dieser Zeit aus dem Zeughause verschwunden sind.

Bereits im Jahre 1799 wurden dem damaligen Churfürsten Vorschläge zur Errichtung einer reitenden Batterie eingereicht und dabei die Preußische reitende Artillerie als Muster aufgeführt, da diese sich seit dem 7jährigen Kriege, wo sie als stehend zu betrachten war, am meisten vervollkommnet hatte.

Es wurden hierauf im Mai des Jahres 1800 der Premier-Leutnant Sigismund und der Feuerwerker-Corporal Grohlig von der sächsischen Artillerie nach Berlin und Warschau abgesandt, um die Einrichtung der preußischen reitenden Artillerie kennen zu lernen und das Nötige zu der Errichtung der sächsischen mitzubringen.

Obgleich uns mehrere Schriften von diesem Offizier vorliegen, so fügen wir hier nur dessen Rapport /: Beilage A1 :/ nach seinem Eintreffen bei, da er uns ein kleines Bild über den damaligen Stand der reitenden Artillerie in Preußen gibt. ‖

3.   I. Abschnitt   Die sächsische reitende Artillerie im Jahre 1806

Unter dem 4ten Februar 1802 erschien eine churfürstliche Ordre /: Beilage A 2 :/ an den damaligen Kommandanten des Artillerie-Korps General Freiherr von Hiller, welche die höchste Willensmeinung zur Errichtung einer reitenden Batterie enthält.

Die der churfürstlichen Ordre beiliegenden Resolutionspunkte /:Beilage B :/ betreffen die näheren Bestimmungen sowohl der Kaliber, als auch über Mannschaft und Pferde der zu errichtenden Batterie. Es sollte nämlich das zweckmäßige Kaliber der Geschütze durch Versuche ermittelt, die Offiziere, Unteroffiziere und 55 Mann aus dem Feld-Artillerie-Korps gewählt, sowie 25 Mann aus den Chevauxlegers Regimentern gezogen werden, welche letztere ihre Dienstpferde mitbringen sollten, während die Berittenmachung der übrigen Mannschaft noch befohlen werden sollte.

Jeder Offizier erhielt demnach unendgeldlich ein Pferd geliefert und sollte der Unterricht ‖ der Mannschaft im Reiten anfangs durch 2 dazu kommandierte Kavallerie-Offiziere geschehen.

Die Bespannung sollte aus deutschen von Lieferanten zu liefernden Pferden bestehen, und über Erlangung der Knechte noch das Weitere in Erwägung gezogen werden.

Als Standort ward der Batterie Radeburg angewiesen und die Batterie unter die Befehle des jedesmaligen Kommandanten des Feld-Artillerie-Korps gestellt.

Nach dem den ebenerwähnten Resolutionspunkten beifolgendem Etat und den Bestimmungen über die Verpflegung /: Beilage C :/ sollte die Batterie aus

1 Premier-Lieutenant als Kommandant		
2 Sous-Lieutenants		
1 Stückjunker		
1 Kanonier-Sergeant	mit	1 Pferd
2 Feuerwerkern		2 Pferden
1 Fourier		
1 Feldscher		
6 Corporals	mit	6 Pferden
2 Trompetern		2 "
20 Oberkanonieren	20	"
60 Unterkanonieren	60	"

In Summa 4 Offiziere, 93 Mann und 91 Pferde
        sowie 26 Knechten und 52 Pferden vom Train außer den Handwerksleuten bestehen.

Die Rationen wurden im Felde für den Kommandanten zu 8 Ra ‖tionen und jeden der Offiziere zu 3 Rationen bestimmt.

Es vergingen indessen mehrere Jahre ehe zur wirklichen Errichtung der reitenden Batterie geschritten wurde, bis dann die churfürstliche Ordre vom 16. März 1806 /: Beilage D :/ an den damaligen Kommandanten des Feld-Artillerie-Korps, Oberst Birnbaum erschien, welche die Errichtung der reitenden Batterie zum 1. Mai desselben Jahres nach den bereits im Jahre 1802 gegebenen Bestimmungen und dem daselbst festgesetzten Etat anbefahl. Es sollten ferner danach nicht nur die in der Ordre vom 4.Februar 1802 gedachten 25, sondern sämtliche zur Berittenmachung der Offiziers und Mannschaften der reitenden Batterie nötigen Pferde, von der Kavallerie abgegeben und Vorschläge zur Besetzung der Offiziersstellen eingereicht werden.

Die Anweisung der Mannschaften im Reiten sollte durch 2 Kavallerie-Unteroffiziere geschehen.

Eine anderweite churfürstliche Ordre vom 2.April 1806 /: Beilage E :/ an den General Major und General Inspekteur der Kavallerie von Zastrow stellte die reitende Batterie in Wirtschafts-, Revisions- und Musterungssachen, sowie in außer der Musterung vorfallenden, die Mannschaft und Remonte betreffenden ‖ Angelegenheiten unter dessen Befehle, während der Kommandant des Feld-Artillerie-Korps wie früher wegen Besetzung erledigt werdender Offiziers-Stellen, des Avancements, der Beurlaubung, Dimission der Offiziers und all dessen, was auf die Artillerie-Wissenschaften, Übungen und den Dienst Bezug hatte, unmittelbar an Ihro churfürstliche Durchlaucht Vortrag und Rapport zu erstatten haben sollte.

Eine weitere Ordre unter demselben Tage ausgestellt /: Beilage F :/ setzte zugleich den Kommandanten des Feld-Artillerie-Korps, Obristen Birnbaum, von dieser Anweisung in Kenntnis.

Unterdessen waren zur Ermittlung des zweckmäßigsten Kalibers für die reitende Batterie Versuche mit leichten 8pfd., neu gegossenen 6pfd. und schweren 4pfd. Kanonen /: Beilage G :/ gemacht worden, die zum Vorteil der schweren 4pfd. Kanonen ausfielen, daher dann die Batterie aus 6 Stück 4pfd. schweren Kanonen und 2 Stück 4pfd. Granatstücken zusammengesetzt wurde.

Auf die vom Kommandanten des Artillerie-Korps getanen Vorschläge wurden nach churfürstlicher Ordre vom 2.April 1806 /: Beilage H :/ der Premier-Leutnant George Friedrich von Großmann als Kommandant, die beiden Sous ‖ Leutnants Carl Moritz Birnbaum und Carl Heinrich Rouvroy als Sous-Leutnants und der Sous-Leutnant Friedrich Gottlieb Probsthayn als Stückjunker bei der Batterie angestellt.

In Beilage F ist der unter dem 9.April erlassene Verpflegungsentwurf enthalten.

Premier-Leutnant v.Großmann und Sousleutnant Probsthayn trafen den 1.Mai in dem Standort der Batterie Radeburg ein, so wie den 4.Mai die Sous-Leutnants Birnbaum und Rouvroy mit den 9 Unteroffiziers, 20 Ober Kanoniers und 35 Unter Kanoniers vom Feld-Artillerie-Korps; der Feldscher, Fourier und die beiden Trompeter waren angeworben.

Leutnant von Tennecker, traf den 1.Mai mit 7 Reitpferden, 52 Zugpferden und 26 Knechten ein, welche sämtlich zu dem Artillerie-Train der zur Sicherstellung der Landesgrenzen im Jahre 1805 mobil gemacht gewesen und im Februar 1806 in die Garnisionen zurückgekehrten sächsischen Armee-Korps gehört hatten.

Die 2 zur Instruktion der Artillerie-Mannschaft kommandierten Unteroffiziere der Kavallerie, welche unterdessen eingetroffen, gaben eben so wie Leutnant v.Tennecker Anweisung im Reiten etc. im Laufe des Monats.

Den 1.Juni trafen 25 Mann mit 84 Reitpferden von der ‖ Kavallerie ein, als von

Regiment	Prinz	Clemens	6 Mann	mit	6 Pferden
ʼʼ	ʼʼ	Johann	6 ʼʼ	ʼʼ	6 ʼʼ
ʼʼ	ʼʼ	Albrecht	7 ʼʼ	ʼʼ	33 ʼʼ
ʼʼ	von Polenz		6 ʼʼ	ʼʼ	39

so dass die Batterie nun den unter C angeführten Friedens-Etat hatte.

Die Offiziere suchten sich jeder außerdem aus dem ganzen ein Pferd als Eigentum aus.

Uniform Dunkelgrüne Röcke mit krapproten Aufschlägen, Kragen, Rabatte und Unterfutter nach der bei den Chevauxlegers Regimentern eingeführten Facon[4],

---

[4] NB: Der Überschlag der Schöße von rotem Tuch, die Ärmelaufschläge der Sergeanten und Feuerwerker sind oben mit einer schmalen und nach der Hand zu mit zwei breiten ausgebogten goldenen Tressen besetzt. Die Rabatten, Kragen und Schöße, letztere um den Taillenknopf herum, von da bis an den roten Tuchüberschlag, sowie die Ärmelaufschläge der Korporals sind mit einer schmalen und gebogten goldenen Tresse besetzt. Die Hüte der Unteroffiziers waren mit ausgebogten goldenen Tressen besetzt, sie hatte weiße Hutfedern mit schwarzer Füllung oben, die Oberkanoniere schwarze Hutfedern mit weißer Füllung oben und in der Mitte einen Streif von weißen Federn. Die Kanoniere weiße Hutfedern mit weißer Füllung als Federstütze. - Zum Exerzieren zu Pferde und auf Märschen grüne weite Beinkleider über die Stiefel mit schwarzem Lederbesatz und von unten bis ans Knie offen und daselbst mit Knöpfen versehen. Außerdem wildhäutene weiße ungarische Hosen, ingleichen weißtuchene. – Ungarische Stiefel oben mit rotem Leder eingefasst und einer rotwollenen Quaste, weißlederne über die rechte Schulter getragene Kuppels, gekrümmter Säbel mit 2 Bügeln und pfundsledernen Scheiden mit Messingbeschlägen. – Kartuschen trugen nur die Unteroffiziere zum Transport der Durchschlagebrändchen von schwarzem Leder und hingen an einem Bandelier von paille roter und grüner gestreiften 2 ½ ʼʼ breiter wollener Borte. – Mäntel von grünem Tuch mit Kragen, welche nur die Schulter bedeckten.
Offiziere grüne Glockenmäntel; schwarze Hüte mit weißen Kokarden, goldenen Agraffen rot und silbernen Kordons, weiße Federstütze mit einem schwarzen Mund, gelbe Gilets mit kleinen glatten Knöpfen, ungarische Stiefeln mit goldener Einfassung und Quästchen, silberne Anschraubsporen. – Hosen ad interim enge weiße von Leder oder grautuchne mit roten Nähten

gelbe Knöpfe, Hüte mit goldener Tresse, Kokarde, weiße Federstütze mit schwarzer Füllung, paille Gilets, weiße ungarische Beinkleider, leichte Stiefel mit Anschraubsporen und Mäntel von grünem Tuch.

Die Offiziere goldene Epauletts, goldene doppelt ausgebogene Tresse um die Hüte, mit Agraffen, Kordons und Kokarden. Die leichten Säbel mit goldenem Gefäß und lederner Scheide wurde von den Offizieren an einem schwarz lackierten und von den Mannschaften an einem weißen Kuppel über die rechte Schulter getragen, zur Interimsuniform der Offiziere, welche ohne Epauletts getragen wurde, trug man grüne ungarische Beinkleider mit roter Rundschnur.

Die Stückknechte trugen grüne Röcke mit rotem Aufschlag, Hüte mit grünen Federstützen mit roter ‖ Füllung.

Die Pferdeequipage bestand aus deutschen Sätteln und ganz nach den Chevauxlegers Regimentern; übrigens waren außerdem bei jeder Bedienung 4 Reitpferde mit Sielengeschirren versehen, um bei Verlust von Zugpferden zu deren Ersatz zu dienen.

Während der Sommer zu der Ausarbeitung der reitenden Batterie benutzt wurde, hatten sich im August des Jahres 1806 Mißfälligkeiten zwischen Frankreich und Preußen wegen der Herausgabe von Hannover etc. entsponnen, welche einen baldigen Bruch des durch den Minister Grafen v.Haugwitz gestifteten Frieden von Paris fürchten ließen, welcher auch wirklich stattfand.

Es kann hier nicht der Ort sein, wie es kam, dass Sachsens Regent dem Bündnis mit Preußen gegen Frankreich und zwar sehr spät erst beitrat, so dass das sächsische Kontingent erst sehr spät mobil gemacht wurde und z.B. die zur Ausrüstung der Regimenter erforderlichen Pferde erst den 25.September a.c. in die Standquartiere geliefert werden konnten.

Demgemäß wurde auch die reitende Batterie mobil gemacht und rückte den 26.September a.c. von Radeburg mit
6 Stück 4pfd. schweren Kanonen ‖
2 Stück 4pfd. Granatstücken

---

und der kleine Latz mit Schnur besetzt, zur Parade weiße enge von cakmir (?). – Uniform ad interim Röcke mit einer Reihe Knöpfe, rote Kragen und Aufschläge, rot gefüttert, die Schöße halblang mit rotem Aufschlag, Dragoner von goldener Rundschnur; zur Parade goldene Epauletts mit Fransen, rote Klappen mit echt goldenen Knöpfen aufgeknöpft, die Schöße schnitten gleichzeitig mit der Hüfte ab. – Schwarz lackierte Kuppel über die rechte Schulter, auf der Mitte mit einem vergoldeten Schild mit silbernem Namenszug. – Säbel mit 3 Bügeln und pfundsledernen Scheiden.
Pferdeequipage deutsche Wurstsättel, ungarische Zäumung mit herabhängendem schwarzen Halbmond und Stirnriemen mit langen Trotteln, grüne Schabracken mit roter Schnur eingefasst, schwarzes Sattelfell ohne Umgang. - Die Zugpferde hatten englische Kumte.
Offiziers zur Parade grüne Schabracken mit 1 ½ " breiter goldener Einfassung von Tresse in Stechbreite à la greque aufgenäht und in den hinteren Spitzen goldenen verschlungenen Zierrat.

6 Stück Kugelwagen

2 Stück Granatwagen und die nötigen Requisitenwagen etc. nach folgendem Etat aus:

1 Premier-Leutnant	v.Großmann		
3 Sous-Leutnants	Birnbaum, Rouvroy und Probsthayn		
1 Sergeant	mit	1 Pferd	
1 Fourier	ʼʼ	1 ʼʼ	
2 Feuerwerker	ʼʼ		2 ʼʼ
6 Korporals	ʼʼ	6 ʼʼ	
2 Trompeter	ʼʼ	2 ʼʼ	
2 Chirurgen	ʼʼ	2 ʼʼ	
20 Oberkanoniers	ʼʼ	20 ʼʼ	
60 Unterkanoniers	ʼʼ	60 ʼʼ	
1 Rechnungsführer	ʼʼ	1 ʼʼ	
1 Schmiedemeister	ʼʼ	1 ʼʼ	
1 Schmiedegeselle	ʼʼ	1 ʼʼ	
1 Wagnermeister	ʼʼ	1 ʼʼ	
1 Sattlermeister	ʼʼ	1 ʼʼ	
2 Schirrmeister	ʼʼ	2 ʼʼ	
2 Wagenbauer	ʼʼ		2 ʼʼ
Sa. 107 Mann	mit	103 Pferden	

ferner zur Bespannung

24 Knechte	mit	48 Pferden	zu den Geschützen
16 ʼʼ	ʼʼ	32 ʼʼ	zu den 6 Kugel- und 2 Granatwagen
6 ʼʼ	ʼʼ	12 ʼʼ	zu den 3 Requisitenwagen
1 ʼʼ	ʼʼ	4 ʼʼ	zum Kompaniewagen
12 ʼʼ	ʼʼ	24 ʼʼ	zu den 4 Fouragewagen
2 ʼʼ	ʼʼ	4 ʼʼ	Reserve zu den Geschützen
2 ʼʼ	ʼʼ	4 ʼʼ	Reserve zu dem übrigen Fuhrwesen
Sa. 63 Mann	mit	128 Pferden	

Total Summa .   170 Mann   mit   231 Pferden   ‖

NB: Die hier aufgeführten Munitions-, Requisiten- und Fouragewagen, insgleichen die Feldequipage, das dazu gehörige Personale und Pferde trafen erst den 28ten desselben Monats in dem ersten Nachtquartiere bei Dresden ein.

Das sächsische Kontingent unter dem General von Zeschwitz war bestimmt zu dem so genannten schlesischen Korps unter dem Oberbefehl des Fürsten von Hohenlohe zu stoßen und bestand aus

25 Bataillonen Infanterie

32 Eskadrons Kavallerie

7 Batterien worunter die reitende und 2 Granat-Batterien

und betrug ungefähr 20.000 Mann, welche sich den 1ten Oktober a.c. in der Kantonierung der Preußen bei Chemnitz nach der entworfenen Ordre de Bataille /: (p.)154 des II^{ten} Teils des angeführten Hefts :/ anschließen sollte, wonach die reitende Batterie in das 2te Treffen der sächsischen Division zur Kavallerie kam.

Laut einem Befehl vom 4^{n} Oktbr. ward aus dem Karabinier-Regiment, Kochtitzky-Kürassieren, Prinz Albrecht Dragonern und der reitenden Batterie v.Großmann unter den Befehlen des Generalleutnants von Zeschwitz und Generalmajor v.Kochtitzky eine Brigade formiert.

Es würde zu weit führen eine detaillierte Besprechung des kurzen Feldzuges zu liefern und ‖ verweise ich auf den bereits anfangs erwähnten Bericht eines Augenzeugen von diesem Feldzuge.

Wir übergehen die oft schnell sich abändernden gegebenen Befehle, entstehend aus der Unsicherheit des Operationsplanes und die wenige Sorgfalt für die Verpflegung der sächsischen Truppen und führen nur an, dass die Batterie, nachdem sie sich in Dresden an das preußische Husaren-Regiment Schimmelpfennig angeschlossen hat, ihren Marsch über Freiberg, Chemnitz, Penig, Altenburg und Gera nahm.

Während die Gefechte bei Saalburg, Schleiz und Saalfeld vorfielen und der 9te, 10te, 11te, 12te und 13te Oktober zu Vereinigung der Preußen bei Weimar benutzt ward, war die Batterie bei Gera eingetroffen und rückte den 10ten Oktober früh auf die Anhöhe vor der Mittelpöllnitzer Ziegelscheune in die, den unter Kommando des Generals v.Zeschwitz versammelten Truppen, angewiesene Stellung bei Mittelpöllnitz /: p.159 II^{ter} Teil :/ von wo Leutnant Birnbaum mit 2 Geschützen detachiert wurde, um den von Neustadt an der Orla gegen den rechten Flügel des Korps über Triptis kommenden Weg zu bestreichen; derselbe traf Nachmittags mit der Sektion bei der Batterie wieder ein. ‖

Die Batterie trat unter Deckung des Regiments Kochtitzky Nachmittags ihren Rückzug nach Roda an, bezog den 11^{n} früh einen Biwak links der Straße nach Jena 1 Stunde über Roda hinaus, folgte später dem sächsischen Korps unter Deckung von 2 Escadrons Kochtitzky nach Jena zu und war bestimmt, auf den Schneckenberg über Jena hinaus Position zu nehmen. Hier war es, wo auf den durch eine Schlucht dahin führenden Wege die Batterie durch das Geschrei : die Franzosen kommen : aufgehalten und in dem allgemeinen Rückzug, wo alle Ordnung aufhörte und sogar die Pferde der Bespannung durch fliehende preußische Husaren im Vorbeijagen mit dem Säbel gehauen und Stränge zerhauen wurden, verwickelt wurde.

Dabei namentlich zeigte sich der Überstand der damaligen Stückknechte, welche durch nichts im Zaum gehalten werden konnten und mit den Geschützen umkehrten und zurückjagten, wobei 3 Geschütze umgeworfen und so beschädigt wurden, dass sie in Jena einer vollständigen Reparatur unterliegen mussten. Erst über der Brücke konnten die Knechte durch Bemühung der Offiziere zum Stehen gebracht werden.

Die Batterie nahm ihre Stellung später auf dem Schneckenberg ‖ wieder ein, biwakierten die Nacht von 11-12$^{\underline{n}}$ daselbst, marschierte den 12$^{\underline{n}}$ früh unter Deckung von 2 Escadrons Kochtitzky Kürassiere in die Position rechts von Isserstädt und kehrte Nachmittags in die frühere Stelung rechts der sächsischen Kavallerie zurück.

Da die sächsischen Truppen an Fourage und aller sonstiger Verpflegung Mangel litten, so rückte den 13$^{\underline{n}}$ Oktober a.c. ein Fouragierungs-Kommando, bestehend aus

200 Pferden unter Oberst Poncet aus den verschiedenen Regimentern zusammengestellt

3 Escadrons sächsischer Husaren unter Major von Ende

1 Bataillon Friedrich August

2 berittene Geschütze unter Leutnant Rouvroy

in die hinter dem Lager gelegenen Dörfer aus /: pag.143 I$^{\underline{ter}}$ Teil :/ dasselbe rückte Abends, nachdem die Sektion zwischen Isserstädt und Vierzehnheiligen unter Deckung eines kleinen Kommandos Husaren gegen den aus Infanterie und Kavallerie bestehenden Feind, welcher dem Tauenzienschen Korps gefolgt, mehrmals aufgefahren war und denselben mit Erfolg beschossen hatte, in das Lager wieder ein, ohne dass die Fouragierung eine besondere Ausbeute gewährt hätte /: pag.144 I$^{\underline{ter}}$ Teil :/.

8 Escadrons von Albrecht und ‖ Polenz, die sächsische Grenadier-Brigade von Cerrini nebst der reitenden Batterie hatten unterdessen das Lager abgebrochen, waren zur Deckung des Generals Tauenzien zwischen dem Isserstädter Forste und dem Pfarrholze aufgestellt worden, von wo Abends die Batterie, so wie das übrige sächsische Korps außer der Brigade Cerrini im Lager wieder einrückte.

Die Lagerordnung vom 13-14$^{\underline{n}}$ Oktober vor der Schlacht von Jena, war nach pag.164 des II.Teils des angeführten Buches. In der Nacht vom 13$^{\underline{n}}$ zum 14$^{\underline{n}}$ fand eine Änderung in den Dispositionen des diesseitigen Korps statt, und von Napoleon ward die Nacht benutzt, um eine von den Preußen ziemlich unbesetzt gelassene Bergschlucht, das Rautal genannt, für Geschütz wegbar machen zu lassen und die geringe Besatzung der Preußen aus derselben zu vertreiben.

Nach dem das Gefecht am 14$^{\underline{n}}$ früh bereits begonnen und sich das Feuer immer mehr dem Isserstädter Forste näherte, brach die sächsische Kavallerie mit der reitenden Batterie das Lager ab und marschierte letztere mit dem Regiment Karabiniers nach Isserstädt zu ab, nachdem vorher auf erhaltenen Befehl der Kompanie ‖ Wagen mit 3.875 Thlr. Kasse, der Requisitenwagen, ein erst 3 Tage vorher erhaltener Wagen mit neuen Montierungsstücken für die Batterie, und die Offiziers-Equipage unter Bedeckung nach Apolda und ein Wagen mit Kranken nach Weimar abgesendet wurde, welche aber sämtlich in feindliche Hände gerieten.

Die Batterie marschierte ½ Stunde vor Isserstädt auf, von wo Sousleutnant Probsthayn mit 2 Geschützen /: Beilage K :/ auf Befehl des General Zeschwitz unter Bedeckung von 2 Eskadrons Karabiniers detachiert und 1.500 Schritt weiter vorgeschoben wurde.

Anfangs stand diese Sektion wegen des Nebels hinterm Regiment Kochtitzky Kürassiere, wurde aber später gedeckt durch ½ Escadron Prinz Albrecht Dragoner nach dem Vorrücken der Kavallerie auf eine Anhöhe postiert, von wo aus ein nach Isserstädt laufendes Tal und der vor dem Dorfe liegende Busch bestrichen wurde. Ihr zur Rechten stand ein preußisches Regiment Husaren und die Batterie Bonniot sowie zur Linken 2 Escadrons Kochtitzky Kürassiere. Der Feind, welchen die preußischen Feldjäger aus dem oben genannten Forst vertrieben hatten, formierte sich vor demselben und avancierte, ward jedoch durch Kartätschenfeuer abgewiesen ‖ sowie die, die Sektion bedrohende feindliche Kavallerie durch dass indes hinzugekommene Regiment Polenz-Dragoner geworfen. Da der Feind mit überlegener Stärke angriff, ward der Befehl zum Rückzug gegeben, die Sektion ohne alle Deckung gelassen, fiel den eindringenden feindlichen Chasseurs noch vor Erreichung der Weimarschen Chaussee in die Hände und Leutnant Probsthayn rettete mit einiger Mannschaft noch 3 Munitionswagen und traf später in Freiberg ein. Während der Angriff der Division Grawert, der Brigade Cerrini nebst der preußischen und sächsischen Kavallerie auf Vierzehnheiligen beginnt, welches endlich in Flammen aufging, war die Batterie, nachdem sie nebst der auf beiden Flügeln haltenden sächsischen Kavallerie in ihrer Stellung einige Zeit dem feindlichen Feuer ausgesetzt geblieben war, weiter vor mit dem rechten Flügel unweit des vorliegenden Isserstädter Forstes gedeckt durch ½ Escadron Albrecht Chevauxlegers platziert, wo sie durch 2 feindliche, auf einer links von Vierzehnheiligen befindlichen Höhe platzierte 12pfd.ge Batterien, stark beschossen wurde, wodurch 1 Unteroffizier, 1 Kanonier und viele Pferde getötet und mehrere Manschaften und Pferde blessiert wurden, unter letzteren ‖ befanden sich die Pferde des Leutnant Birnbaum und Rouvroy.

Das Feuer der Batterie war sowohl auf obige 12pfd.ge Batterien, als auch auf eine auf die Front der Batterie anmarschierende Infanterie-Kolonne, wahrscheinlich von dem Korps des Marschall Augerau gerichtet, welche durch das Geschützfeuer zurückgeworfen wurde.

Während die französische Linie gegen die preußisch-sächsische über Hermstädt, 14Heiligen und Isserstädt siegreich vordrängt, hatte sich der Batterie eine Infanterie-Kolonne mit Geschütz, wahrscheinlich die Division Desjardins aus dem

Walde kommend /: welcher nach Aussagen des General Adjutant von Zeschwitz mit preußischen Truppen besetzt sein sollte :/ genähert, welche daher nicht eher für den Feind gehalten wurde, als bis derselbe bereits sehr nahe ein sehr lebhaftes Musketen- und Geschützfeuer auf die Batterie richtete, durch Kartätschenfeuer wurde der Feind zwar in den Wald zurückgeworfen, allein die Batterie musste bedroht auf der rechten Flanke und ohne alle Deckung eiligst retirieren /: pag.189 I.Teil :/ da während dem die beiden auf den Flügeln gestandenen preußischen Infanterie-Regimenter ihren Rückzug angetreten hatten, wobei 2 demontierte Kanons trotz des Versuchs zur Rettung durch Mannschaften der Batterie, in die Hände des Feindes fielen, in dem Sergeant Büttner und Unterkanonier Kloss beherzt auf den wieder andringenden Feind attackierten ‖ und dabei 2 Reiter gefangen nahmen. Leutnant Birnbaum war bei dem Gefecht durch einen Prellschuß auf die Brust verwundet worden und wurde nach Weimar gebracht.

Nach einstündiger Retirade auf der Straße ward die Batterie, noch bestehend aus 4 Geschützen und 8 Munitionswagen und einigen 40 Mann wieder formiert.

Von dem die Truppen sammelnden General von Dyherrn befehligt, setzte die Batterie ihren Marsch nach Weimar fort, wobei ein Granatwagen der umgeworfen worden verloren ging.

Die Batterie erhielt Befehl nach Buttelstedt zu marschieren und sich an Kochtitzky Kürassiere anzuschließen, konnte aber denselben in Buttelstedt wegen dem für das Geschütz nicht passierbaren Wege nicht folgen. Bei den Versuchen, auf die Höhe hinter Buttelstedt zu kommen, blieb Leutnant Rouvroy bei Durchbringung der Geschütze durch die Sumpflöcher zurück, wobei ein Munitionswagen zurückgelassen werden musste und besagter Offizier in der Nacht von der Batterie abkam und sich mit den Pferden des Wagens an den bei Buttelstedt befindlichen Artillerie-Stab anschloss und ‖ später mit demselben in Meißen eintraf.

Da überhaupt kein Sammelplatz angegeben war und man hier nicht wusste, dass der General Zeschwitz mit seiner Kavallerie am 15^{n} bei Weißensee in Jünstedt und General Cerrini mit dem Regiment Churfürst und Clemens und dem Bataillon Winkel in Frankenhausen stand, dem sich vor ihrer Vereinigung am 17^{n} auf dem Marsche nach Magdeburg noch Xavier und der Rest der Husaren anschloss, so marschierte die Batterie aufs Geradewohl, änderte am 15n auf dem Marsch nach Eckartsberga, auf die von einem entgegenkommenden Preußischen Korps erhaltene Nachricht, dass dort der Feind sei, denselben nach Erfurt ab und kehrte mit diesem Korps um, wobei die Batterie getrennt wurde und die übrigen Munitionswagen bis auf einen mit der preußischen Kolonne fortgingen, was aber nicht eher bemerkt wurde, als bis die Preußen die Batterie passiert hatten.

Die Batterie nun noch bestehend aus 4 Geschützen, 1 Kugelwagen, 4 Unteroffiziers, 18 Kanoniers mit 22 Pferden und sehr dürftiger Bespannung ging seitwärts Buttelstedt und traf vor Erfurt auf ein auf den Höhen postiertes französisches Korps, wodurch die Batterie genötigt wurde mit den von Erfurt retirierenden Korps umzukehren.

Den 17$^{\underline{n}}$ früh ging die Batterie nach Buttelstedt zurück, wo sie sich an die ‖ reitende Batterie Schorlemmer des Kalkreutschen Korps anschloss. Die noch übrige Munition wurde in Protzen zweier Geschütze verpackt, und die andern Geschütze zu den Wagen geteilt, da weder Munition noch Bedienung dazu da war.

Den Marsch über Greußen fortsetzend wurde den 18$^{\underline{n}}$ n eine Position vor Nordhausen bezogen, von wo einige Schuss in Verbindung mit der preußischen Batterie gegen den von Sondershausen kommenden Feind getan und dann retiriert wurde, eins der inaktiven Geschütze, welche zeitiger zurückgeschickt wurden, fiel dem Feind in der Stadt in die Hände, da ein Hinterrad zerbrochen war.

Bei dem Rückmarsch über den Harz während der Nacht, wurden, da das Korps in mehreren Kolonnen ging, die Geschütze getrennt und bestand den 20$^{\underline{n}}$ früh die ganze Batterie bei der Ankunft aus dem Walde noch aus: 1 Kanon, 1 Munitionswagen, 1 Unteroffizier, 3 Kanoniers, 5 Reitpferden, 8 Knechten und 20 Zugpferden.

Wegen wiederholten Angriff zog sich der Bestand mit den Kalkreutschen Korps über Halberstadt nach Oschersleben, wo er sich mit dem größten Teil des Chevauxleger Regiment Prinz Albrecht unter Oberst von Tarnee vereinigte und den 21$^{\underline{n}}$ in ‖ Seehausen verblieb. Auf den Befehl nach Barrei und Borgau zu gehen, brach der Rest den 22$^{\underline{n}}$ früh nach Cobbeln auf uns setzte, nachdem sie sich von der sächsischen Kavallerie getrennt, über die Elbe. Bei Barrei traf die Nachricht von der Neutralität Sachsens ein, daher der Rest der Batterie wieder über die Elbe ging und nach Tangermünde zu marschierte. Den 23$^{\underline{n}}$ auf dem Marsche dorthin wurde derselbe vor dem Walde von 1 Escadron des französischen 22$^{\underline{n}}$ Regiments Chasseurs à cheval angegriffen und trotz der Neutralität gefangen genommen. Später erhielt Premier-Leutnant v.Großmann in Merseburg einen Pass zur Rückkehr nach Dresden.

Obgleich dieser erste Feldzug für die reitende Batterie so unglücklich ausfiel, so dürfen wir die Ursache davon nicht in den geringen Leistungen oder gar in der Unzweckmäßigkeit der reitenden Artillerie suchen. Die Offiziers und Mannschaften der Batterie hatten am 14$^{\underline{n}}$ Oktober gewiß ihre Schuldigkeit erfüllt, und auf ihren Standpunkt bis zum letzte Augenblick, wo sie von aller Deckung verlassen waren ausgeharrt. Es wurden später auch Offiziere und Artillerie-Mannschaften in den eingegebenen Rapports ehrenvoll erwähnt und zur Auszeichnung noch besonders empfohlen ‖ Sergeant Büttner, die Feuerwerker Wehlmann und Meier, Corporal Engel, Chirurgus Wagner, Unterkanonier Gloss.

Es ist bekannt, dass dieser Feldzug überhaupt, sowie die Schlacht bei Jena und deren Folgen, bei dem Mangel aller genauen Nachrichten über die Bewegungen der Franzosen, dem Schwankenden in allen Unternehmungen und Befehlen, den bereits erlittenen Unfällen bei Saalburg, Schlaitz und Saalfeld, der Abmattung der Truppen dem Mangel an Nahrungsmitteln und Fourage, wodurch der Geist der Truppen niedergedrückt und außerdem die Sachsen durch die offen gezeigte Nichtachtung und Parteilichkeit in üble Stimmung versetzt wurden, bei der schlechten Anführung und dem Mangel irgend eines Befehles für den Rückzug hier das Ganze so unglücklich ausfallen musste, wenn auch ein minder geschickter und braver Feind gegenüber gestanden hätte.

Bei diesen Umständen mussten auch die Leistungen einzelner Abteilungen, ohne allen Nutzen bleiben, und musste bei dem Rückzuge namentlich die Batterien verloren gehen, da man keinen Sammelplatz in Fall des Rückzuges angegeben hatte.

Für die reitende Batterie machten sich in diesem Feldzuge namentlich zwei Überstände bemerkbar, nämlich:

1.) Der Mangel an Deckung in den schwierigsten Momenten ‖ was wohl besonders in der Unkenntnis der Truppen von der Bedeutung des Nutzens einer reitenden Batterie damals lag, und

2.) die damalige Verfassung der Stückknechte, welche aus der Hefe des Volkes geworben, der Gleichstellung mit den übrigen Soldaten entbehrten und nur mit Not und außerordentlicher Strenge zu ihren Pflichten angehalten werden konnten.

Für die Artillerie überhaupt zeigte dieser Feldzug die Unzweckmäßigkeit der damaligen Einrichtung, wonach die leichte Artillerie in den sämtlichen Bataillons-Intervallen verteilt und vereinzelt war und die Artillerie keine besondere Deckung hatte.

Nach Höchster Entschließung vom Novbr. d.J. erhielten sämtliche Stabsoffiziers, Capitaines und Subalternoffiziers ein einmonatliches Land-Tractament als Gratifikation wegen des in diesem Feldzuge gehabten Verlustes.

Nach dem unglücklichen Ausgang dieses Feldzuges erschien eine churfürstliche Ordre vom 12 November 1806 /: Beilage M :/ welche die Aufhebung der reitenden Batterie anbefahl, die Offiziere sollten bis zu weiterem Avancement in das Feld-Artillerie-Korps einrücken und à la suite geführt werden, die Mannschaft in ihre alten Korps mit Belassung ihrer Löhnung ‖ zurücktreten und die Stückknechte sofort entlassen werden.

Die Offiziers und Mannschaften gingen demnach den 16^n Novbr. a.c. in ihre respektiven Kompanien und Regimenter wieder zurück, excl. der während der Zeit avancierten Mannschaften der Kavallerie, welche mit wenig Ausnahmen ins Artillerie-Korps eintraten, den 15^n Novbr. wurden die Trompeter mit Löhnung bis zum 11$^{\underline{n}}$ Januar, so wie die Handwerkersleute mit 2monatlichen Tractament und die Stückknechte mit 5tägiger und einmonatlicher Löhnung als Gratifikation verabschiedet.

Mäntel und Mantelsäcke wurden sämtlich abgegeben.

Wir schließen hiermit die erste Formation der reitenden Batterie und erwähnen nur noch, dass im Anhange die, unter K von den Offiziers nach Beendigung des Feldzuges eingegangenen Rapports aufgeführt sind. ‖

––––––––––

Beilage A1

An Ihro des Churfürstl. Sächs. Herrn Generals der Infanterie und des Feld Artillerie Korps Kommandanten Reichs Freiherrn von Hiller Excellenz, ganz gehorsamste Meldung! (Abschrift)

Nachdem ich den 5$^{\underline{n}}$ Mai a.c. von Freiberg abgegangen und den 7$^{\underline{n}}$ ejsd. In Berlin angekommen war, so meldete ich mich sogleich bei dem Churfürstl. Sächs. Gesandten Grafen von Bünau, von welchem ich auch an den Kabinetts-Minister Grafen von Haugwitz präsentiert wurde.

Als hierauf Srn. Majestät der König des 10$^{\underline{n}}$ ejsd. die Spezial-Revue zu halten anfingen, wurde ich Höchst Ihm und dann dem Inspekteur der Artillerie General-Leutnant von Meerkatz, wie auch dem Kommandanten der reitenden Artillerie, Obristen Prosch vorgestellt.

Kurz darauf zeigte man mir im Zeughause, auf Befehl des Königs, die zur reitenden Artillerie gehörigen Geschütze und Wagen vor und verwies mich im Übrigen nach Warschau an die dort befindliche berittene Friedensbatterie, versprach mir aber auch zugleich die Risse vom Geschütz und Wagen, um welche ich gebeten hatte, noch in Berlin einzuhändigen. ‖

Da ich nun vor der Abreise nach Warschau vorzüglich wünschte, einige theoretische Kenntnise des reitenden Artilleriedienstes mir zu verschaffen, und dem Obisten Prosch, an den ich gewiesen war, die oftmaligen Anfragen und Beantwortungen mündlich zu weitläufig schienen, so bat er mich, ihm dasjenige schriftlich zu geben, as ich zu wissen verlangte, welches ich ihm dann auch überreichte.

Als aber derselbe diesen Aufsatz an den Generalleutnant von Meerkatz übergeben und ihm meine Bitte um die Risse vorgetragen hatte, erwidert letzterer, dass die gegebene Ordre des Königs nicht dahin laute, mir etwas schriftliches oder Risse auszuhändigen, sondern ich müsste mich einstweilen mit der bloßen Besichtigung begnügen.

Da ich nun aber durch bloße Besichtigung der Geschütze, Geschirre und Stallsachen, nicht die gewünschte Kenntnis, die zur Errichtung einer reitenden Artillerie nötig ist, erlangen konnte und ich solches gegen den Generalleutnant von Meerkatz äußerte, so erfolgte unterm 2^n August a.c. folgende speziellere Kabinetts-Ordre:

„Mein lieber General-Leutnant von Meerkatz!

Der Churfürstl. Hofrat hat durch seinen Kriegsminister Grafen Zinsendorf vorstellen lassen, dass die Kenntnis, welche dem zu diesem ‖ Zwecke nach Berlin gesandten Premierleutnant Sigismund von der Verfassung meiner reitenden Artillerie gegeben worden, nicht genügten, um danach zu Dresden ebenfalls eine reitende Artillerie zu formieren. Ich trag Euch daher hierduch auf, dem pp. Sigismund die zur Einrichtung der reitenden Artillerie und zu ihren Evolutionen gehörigen Zeichnungen und Nachrichten, soweit darüber Vorschriften vorhanden sind, abschriftlich mitzuteilen, und des Chrurfürsten zu Sachsen Liebden zu der vorhabenden Einrichtung einer reitenden Artillerie, ohne Rückhalt eben die Willfährigkeit zu bezeigen, welche ich zu gleichen Behuf des Landgrafen zu Hessenkassel Liebden zugestanden habe. Ich bin Euer wohl affectionierter König.

Charlottenburg

den 2^n August 1801   Friedrich Wilhelm"

Auf diese höchste Ordre nun wurde den 7^n Aug. eine Kommission niedergesetzt bei welcher ich zugegen war und durch welche ich nicht allein den sub. Litt. A beigefügten Mobilmachungsplan und das Exerzier-Reglement Litt. B sondern auch eine Beantwortung der augesetzten Fragen Litt. C und die schon längst gefertigten Risse, den 9^n ejsd. Erhielt, welches alles man mir mit der größten Breitwilligkeit und vielen Vergnügen überreichte, da man nunmehr die Erlaubnis dazu hatte. ‖

Nachdem ich über die empfangenen Risse und übrigen Papiere quittiert hatte, äußerte die Kommission den Wunsch, dass die mir übergebenen Sachen zu keiner allgemeinen Publizität gelangen möchten, welches ich denn auch versprach.

Schließlich erklärt noch der Hauptmann von Hahn bei dieser Kommission /: der von Sr. Majestät zu Errichtung einer reitenden Artillerie nach Kassel geschickt worden :/ dass er bloß die Geschütze und Fahrzeuge und die Bespannung daselbst eingerichtet, auch nur denen reitenden Artillerie-Offiziers das Exerzieren gelehrt, dort aber weder Zeichnungen noch Nachrichten in Betreff der reitenden Artillerie zurückgelassen habe und das nachher in Ansehung Sr. Churfürstl. Durchlaucht zu Sachsen noch mehr geschehen sei, als was dem Herrn Landgrafen von Hessen-Kassel zur Zeit noch gegeben worden.

Auch wurde mir noch von der Kommission versichert, dass unter der Regierung Friedrich II Nachrichten dieser Art gewiß nicht einem anderen Hofe würden kommuniziert worden sein, ich dürfte also gewiß überzeugt bleiben, dass dieses von Seiten Sr. Majestät ein sehr hoher Grad von Freundschaft gegen Seiner Churfürstl. Durchlaucht sei, welchen an Tag zu legen, Höchst Sie die jetzige Gelegenheit mit Vergnügen ergriffen.

Nunmehro reiste ich den ‖ 11^n August nach Warschau ab, wo ich den 17^n eintraf, ich meldete mich Tages darauf bei dem General-Leutnant v.Ruits, der in Abwesenheit des Gouverneurs General-Leutnant v.Köhler das Kommando hatte und hierauf auch beim Capitain v.Holtzendorf von der reitenden Artillerie, der mir dann das vom Major Decker für mich in Bereitschaft gemachte Quartier im Zeughause oder Artillerie-Kaserne vorzeigte, welches ich den folgenden Tag bezog. Auch erhielt der Feuerwerker-Corp. Grohlig ebenfalls daselbst Quartier.

Der Capitain v.Holtzendorff versichert mich hierbei, dass er es an nichts fehlen lassen wolle, mich in allen, was er nur wüsste, so zu instruieren, dass es mir dann leicht werden sollte, eine reitende Artillerie so einzurichten, wie des Major Deckers Kompanie sei, und er mache es sich zur Höchsten Gnade Sr. Churfürstl. Durchlaucht hierinnen dienen zu dürfen.

Ew. Excellenz muß denn hierbei aufrichtig gestehen, dass derselbe dieses Versprechen nach Möglichkeit erfüllt und durch Belehrung von den kleinsten Vorteilen, die er mir zu zeigen doch eigentlich nicht nötig hatte, es völlig bewiesen hat.

Ohne den Eifer dieses Mannes würde ich gewiß nicht so genau mit den Detail dieses Dienstes bekannt worden sein.

Hier wurde mir ferner das Exerzieren ‖ mit einzelnen Kanons zu Fuß und zu Pferde und das Manövrieren mit ganzen Batterien, so wie dem Feuerwerkercorpl. Grohlig das Auf- und Absitzen und die Regeln des Reitens, als auch das Satteln, Zäumen, Bepacken der Pferde mit Futter, der Protzen und Wagen mit Munition und Futter /: welches alles in denen sub. Litt. D beigeschlossenen „Verschiedenen Nachrichten" zu ersehen :/ mit der größten Breitwilligkeit gelehrt und gezeigt und gedachter Feuerwerkercorpl. ist dadurch in Stand gesetzt, alles dieses mit anzuweisen und zu lehren.

Hierauf ging ich auf Höchsten Befehl Sr. Churf. Durchl. den 14^n Octbr. wiederum nach Berlin zurück, um die daselbst vorgefallenen Veränderungen mit denen Haubitzen zu den reitenden Batterien, noch erhalten zu können.

Da aber 8 Tage nach meiner Ankunft daselbst /: welche den 24^n October erfolgte :/ erst resolviert wurde, dass statt der leichten, nunmehro die ordinären Haubitzen /: nur mit einiger Abänderungen Beschläge und an der Protze :/ eingeführt werden sollen und man nunmehro an diesen Beschlägen und an der Verlängerung der Deichselarme an der Protze arbeitete, so vergingen einige Tage, ehe der Feuerwerkercorpl. Grohlig diese Veränderungen im Zeughause am

Probehaubitz selbst aufnehmen $_{33}\|_{34}$ und sie dann in die 3 beikommenden kleinen Plans No. I, II, III auftragen und zeichnen konnte.

Die Affuite dieses ordinären Haubitzens wiegt mit angesteckten Rädern 10 ½ Zentr. und die Protze mit Rädern ohne Munition 5 ¾ Zentr..

Da diese Arbeit den $4^{\underline{n}}$ Dezbr. geendigt war, so trat ich auf Hohe ergangene Ordre den 5n ejsd. die Rückreise nach Freiberg an, die ich den $7^{\underline{n}}$ Abends vollendete.

Ew. Eczellenz muß hierbei zugleich auf die in sub. Litt. B dem Exerziereglement beigefügten Figuren aufmerksam machen, wie nämlich solche, da sie bei der Kommission nur in der Geschwindigkeit skizziert sind, nicht die Eigenschaft besitzen, denenjenigen so nicht reitende Artilleristen sind, deutliche Begriffe von diesem Exerzieren zu geben, ich erwarte dahero Hoch Dero Befehl, ob solche mit mehrerer taktischer Richtigkeit und Genauigkeit aufgetragen werden sollen.

Nichts minder muß ich Ew.Eczellenz bekennen, wie sowohl in Berlin als Warschau viele erfahrne und geschickte Artillerie-Offiziers äußerten, dass sie noch Verschiedenes bei der reitenden Artillerie verbessert zu sehen wüssten. Hierzu gehört nun: $\|$

1tens

Die Adjustierung des Preuß. reitenden Geschützes, welches sie im Holze zu stark und daher zu schwer finden; ich muß selbst gestehen, dass ich dort die nämliche Bemerkung gemacht habe und glaube, dass die Preuß. Affuiten noch um soviel schwächer gemacht werden könnten, bis sie noch den gehörigen Widerstand leisten und die Haltbarkeit behalten; dafür könnte man die Affuitenwände etwas länger machen, weil dadurch das Auf- und Abprotzen sehr erleichtert wird, auch dürfte es nötig sein, die Räder wenigstens um 4 Zoll höher zu machen, weil dadurch besonders die kleinen Vertiefungen, über welche große Räder besser als kleinere weggehen, ein bequemeres Fahren erlangt wird.

Nebenbei könnte man die Radeschienen mit gesenkten Nägeln befestigen und die Ziehbänder ganz weglassen, weil durch letztere und durch die ordinären Radnägel die Friktion vermehrt wird, auch in steinigten Terrain und besonders bei Aufmärschen, welche mehrenteils im Galopp geschehen, sehr oft die Köpfe der Radnägel und die Ziehbänder abspringen. $\|$

Auch dürften die Radeschienen auf den Felgen mit ihren Enden nicht zusammenstoßen oder über einander greifen, sondern zwischen jedem Paare ein schmaler Raum von ohngefähr ½ Zoll frei bleiben, wodurch das Rad bei nasser Witterung sich ausdehnen und bei trockener wieder zusammenzugehen nicht gehindert wird, ohne das die Schienen und Speichen locker werden und wackeln.

Wollte man überhaupt einer dergleicher Batterie noch mehrere Beweglichkeit geben, so müsste man die Friktion zu vermindern suchen und dieses könnte zur Zeit wohl durch nichts anders, als durch Einführung der eisernen Achsen geschehen, weshalb man auch bei der Preuß. Artillerie für selbige sehr eingenommen, nur bedauert man, dass man in Deutschland sie nicht von der Güte wie in Frankreich machen kann; man wird in der Folge alles anzuwenden suchen, solche selbst zu verfertigen und als dann kein Bedenken tragen, sie bei der reitenden Artillerie einzuführen. Wann aber dies geschehen wird, ist noch nicht zu bestimmen.

Überhaupt wird man in der Folge /: nach den Äußerungen mehrerer Preuß. Artillerie-Offiziers :/ darauf Bedacht nehmen, die großen Kalibers so viel wie möglich ohne der Dauerhaftigkeit zu schaden, leicht und beweglich machen, ‖ besonders aber bei der reitenden Artillerie, wo man nicht gerne kleine Kaliber führt, weil erstlich die Wirkung der Geschütze mit dem Kaliber zu nehmen und zweitens bei derselben auf eine ansehnliche Kartätsche Rücksicht genommen werden muß.

2tens

Hat in Ansehung der Pferde die Erfahrung gelehrt, dass nicht Polnische sondern Deutsche zum Reiten genommen werden müssen, weil erstre Art , wenn beim Exerzieren abgesessen worden und sie von den Pferdehaltern gehalten werden, viel zu unruhig sind und das Herumschwenken mit selbigen und das Vorführen, so wie denen Artilleristen das Aufsitzen erschweren, besonders aber zu der Zeit , wenn Kugeln unter sie kommen, oder einzelne Reiter schon abreiten. Die deutschen Pferde hingegen sind viel ruhiger, weswegen man auch in Berlin bei den 4 Batterien, welche kommendes Jahr beritten gemacht werden sollen, sich der Mecklenburgischen zum Reiten bedienen wird.

Noch ist bei denen Reitpferden vorzüglich darauf zu sehen, dass sie des schnellen Parierens und Wendens wegen, von starken Kreuz sein müssen.

3tens

Findet man in Preußen die ‖ langen Montierungen bei der reitenden Artillerie nicht zweckmäßig, viele Offiziers wünschten daher für selbige einen kürzeren der leichten Kavallerie ähnlichen Rock.

Desgleichen finden sie lange lederne Hosen, die jedoch über dem Knie nicht zu enge sein dürfen, weil sie das Laufen ans Geschütz und zum Pferden, sowie das Auf- und Absitzen erschweren und den Mann müde machen, dienlicher als straffsitzende enge Beinkleider.

Hierzu könnten kurze steife Stiefeln, nach Art der Preußischen Husaren, mit eingeschraubten Sporen gegeben werden denn ein unter dem Knie gebundener Stiefel /: wie es bei der reitenden Artillerie noch jetzt üblich ist :/ macht steif und ist bei Reitern, die auch zu Fuße gehen und laufen müssen, nicht gut anwendbar.

Zu diesem leichten Kavallerie-Adjustement gehört ein mäßiger Säbel, so , dass der Artillerist sein Kanon gegen feindliche Kavallerie mit dem Säbel in der Faust verteidigen kann, wenn die Umstände das Schießen nicht erlauben. Hierbei dürfte es nötig sein, den über die Schulter gehängten Säbel an der Seite des Packs durch irgend eine Vorrichtung anzuhängen, damit er bei der Bedienung des Geschützes nicht hindere.

4tens

Bei denen Preuß. Reitenden Batterien sind vor der Hand nur per Batterie 2 Oberoffiziers ‖ angestellt. Man findet aber, dass wenn eine dergleichen Batterie in zwei Teile geteilt /: welches in den Campagnen sehr oft vorkommt :/ und daher jede Hälfte nur von 1 Offizier kommandiert, dieser aber außer Tätigkeit gesetzt wird, dass als dann kein anderer Offizier an dessen Stelle vorhanden ist, der das Kommando übernehmen und daher zum wenigsten pr. Batterie 4 Offiziers gegeben werden müssten, wenn in solchen Fällen eine dergleichen Hälfte nicht ohne Kommandeur und in einem vielleicht entscheidenden Zeitpunkt nicht ohne Nutzen sein soll.

5tens

In Campagnen haben Offiziers gefunden, dass das gesponnene und in eine Rolle über den Mantelsack gepackte Heu dann von den Pferden entweder nicht gern oder gar nicht gefressen worden ist; sie haben des daher ganz weggelassen oder gegen Hafer vertauscht. Es wird dadurch noch überdies ein großer Nachteil genommen, dass der Packt auf dem Pferde niedriger und das öfter Auf- und Absitzen sehr erleichtert wird.

6tens

Da durch das oftmalige Exerzieren mit ganzen Batterien das Geschütz in der Folge sehr leidet ‖ und dann bei einem bevorstehenden Feldzuge nicht füglich mehr gebraucht werden kann, so hat man die Einrichtung getroffen, dass man zum Manövrieren aparte Exerzierbatterien hat, im Zeughause aber ganz gute und nur zur Campagne bestimmte Kanons und Haubitzen aufbewahrt.

7tens

Noch muß ich Ew. Excellenz bemerkbar machen, dass nämlich bei der Preuß. Armee die Einrichtung getroffen, dass die reitenden Batterien jederzeit in solche Garnisions verlegt werden, wo ganze Kavallerie-Regimenter stehen, damit sie mit letzteren zu Zeiten Manövrieren können und denen Kavallerie-Offiziers die Anwendung derer etwas bekannt werde. Von denen 4 Batterien so kommendes Jahr beritten gemacht werden, stehen 2 davon in Breslau, 1 in Königsberg und 1 in Breslau, an welchen Orten auch zugleich ganze Kavallerie-Regimenter garnisionieren.

8tens

An Geschirr und Sattelzeug habe ich Nachstehendes machen zu lassen nötig erachtet und mit überbracht als

No.1 zwei komplette Hinterkumte. An solchen ist noch kürzlich die Verbesserung getroffen, dass die Brustkuppel nicht mehr in einem Ringe am Kumte, sondern in einem Starken daran befestigten ‖ Riemen geschnallt werden, worinnen die Brustkuppeln frei spielen können.

Daher ist es nicht mehr nötig, die Kuppel vom Sattelpferd um 2 Zoll länger als die des Handpferdes zu machen, wie man ehedem zu tun genötigt war, weil sonst beim Wenden des Kanons das Sattelpferd von der Deichsel über den Haufen geworfen werden konnte.

No.2 Ein Vorder- und ein Mittelkumt. Bei letztern sind vorne auf beiden Seiten 2 lederne Schleifen durch welche die Zugstränge der Vorderpferde, so wie durch die hinter den Strangscheiden befindlichen Schleifen durchgehen, um das Übertreten über die Stränge zu verhindern.

No.3 Ein kompletter reitender Artilleristen Sattel, an welchen auf der rechten Seite /: für No.3 beim Exerzieren :/ die Vorrichtung zu Befestigung des Luntenverbergers getroffen ist. No.7 hat diese Vorrichtung an der linken Seite seines Sattels.

No.4 Ein Knechtssattel

No.5 Ein Packkissen, an welchen ein Riem noch neuerlich daran erfunden erfunden wurde, welcher das Hin- und Herbewegen des Futtersacks verhindert.

No.6 Ein Stangenzaum mit Stange. Die der Artilleristen sind eben so. Beifolgender ist für das Mittelpferd und hat an dem Hauptgestelle an jeder Seite einen Strangträger, durch dessen unter Schleife der Zugstrang des Vorderpferdes durchgezogen wird, um das Übertreten zu verhindern.

No.7 Ein Halfterzaum mit Gebiß, neuerlich erst eingeführt

No.8 Ein Halfter mit Strick

No.9 Ein Trense mit Gebiß

No.10 Ein Deckengurt

No.11 Ein Paar Brustkuppeln zu denen Hinterkumten

No.12 Ein Paar Probekumteisen

     Ferner:

1 Paar verzinnte Steigbügel für Artilleristen

1 Paar schwarze dergl. für Knechte

     Überdieses:

1 Lunterverberger von gebranntem Leder, der erst seit einigen Monaten eingeführt ist, weil er nicht so wie die von Blech verbiegt und unbrauchbar wird.

Endlich:

1 Futterlade oder Hechselbank zum Zusammenlegen. Sie ist, da die Gestelle alle abgemacht und in die Lade selbst gelegt werden können, der Zerbrechlichkeit nicht so unterworfen als die gewöhnlichen. Sie sind bei der ganzen Preuß. Artillerie eingeführt.

Noch einige Details der reitenden Artillerie werden Ew. Excellenz in denen sub. Litt. D beigefügten: „Verschiedenen Nahrichten" ersehen, so wie verschiedene Nachrichten von der Fuß-Artillerie /: welche die Verfassung der verschiedenen Batterien, die Einteilung einer Parkkolonne, die Ladungen zu denen verschie ‖ denen Kalibern, die Einrichtung der Kartätschen und andere Gegenstände betreffen, welche für Ew. Excellenz nicht ohne Interesse sein werden :/ Hochdenenselben vorzulegen ich nicht ermangeln würde, wen ich nicht befürchtete, bei der Kürze der Zeit und da diese Gegenstände mit der reitenden Artillerie nicht in Verbindung stehen, zu weitläufig zu werden; ich bitte daher Ew. Excellenz ganz untertänigst, mir zu erlauben, dass ich selbige nach und nach in Ordnung bringen und einreichen darf.

Freiberg, den 5n Januar 1801

Christian Gottfried Ludwig Sigismund, Premier-Leutnant

———

Beilage A 2

Von Gottes Gnaden Friedrich August Herzog zu Sachsen, Jülig, Cleve, Berg, Engern und Westphalen, Churfürst pp.

Wohlgeborner und Bester lieber getreuer. Aus denen von Uns, über die Einrichtung einer reitenden Artillerie gefassten hier beifolgenden Resolutions-Punkten ersehet ihr dass mehrere, in welchen Maße Wir von jetzt eine aus 8 Piecen Geschütz bestehende Batterie reitender Artillerie mit dazu gehörigen Mannschaften, Pferden, nach dem ebenfalls angefügten von Uns festgesetzten Etat herstellen zu lassen entschlossen sind. Ehe wir uns wegen der Kaliber zu dem bei dieser Batterie zu gebrauchenden Geschütz bestimmen, finden Wir für gut, annoch zuförderst nicht nur mit den in Vorschlag gekommenen bei der Königl. Preuß. reitenden Artillerie einzuführenden 6pfd.gen Kanons, wovon auf Unsern Befehl eins nach uns von dem Premier-Leutnant Sigismund von Berlin mitgebrachten Zeichnung unter Konkurrenz besagten Pr.Lt. und des Feuerwerker-Korporal Grohlig gegossen und in fertigen Stand gesetzt werden wird, sondern auch mit denen ohnlängst bei Unserem H.Z.H. neu angeschafften schweren 4pfd.gen Kanons mit geschmiedeten Kartätschkugeln Versuche anstellen zu lassen. Wir machen auch demnach solches zu euerer Nachachtung hierdurch bekannt und begehren gnädigst, ihr wollet, wenn zur Gießung des neuen 6pfd.gen Kanons vorgeschritten wird, auf Unsers Geheimen Kriegs-Rats-Kollegii Kommunikation besagten Pr.Lt. nebst dem Feuerwerker-Korporal Grohlig zum H.Z.H. anhero absenden und sowohl wegen Anstellung der zu dieser Batterie erforderlichen Ober-Offiziers eure ohnmaßgeblichen Vorschläge zu seiner Zeit gehorsamst einreichen, als auch wegen der ‖ zur ersten Anstellung aus dem Feld-Artillerie-Korps zu entnehmenden geschickten Diensttüchtigen Mannschaften an Unteroffizieren und Gemeinen die nötige Vorkehrung treffen. Daran geschiehet Unser Wille und Meinung und Wir bleiben euch mit Gnaden bewogen.

Gegeben zu Dresden, den 4. Februar 1802   Friedrich August

An
den Kommandanten des Feld-Artillerie   Graf von Zinzendorf
Korps   General
Freiherr von Hiller   Carl Friedrich Benjamin Pietsch

Die Errichtung einer Batterie
reitender Artillerie betreffend

———————

Beilage B

Ihro Churfürstl. Durchl. zu Sachsen gnädigste Resolution wegen Einrichtung der reitenden Artillerie

1.)

Ihro Chrurfürstl. Durchl. wollen vor jetzt eine aus 8 Piecen Geschütz bestehende Batterie reitender Artillerie mit dazu gehörigen Mannschaften an Ober- und Unteroffiziers auch Kanoniers ingleichen denen zur Berittenmachung der Mannschaft und Bespannung des Geschützes und Fuhrwesens erforderlichen Pferden nebst Knechten errichten lassen, behalten sich jedoch das ‖ Kaliber des Geschützes und die Zeit, wann die Batterie dargestellt sein soll, künftig zu bestimmen annoch vor.

Es ist aber :

2.)

Bald möglichst ein neues 6pfd.ges Kanon nach der von dem Artillerie Premier-Leutnant Sigismund aus Berlin anhero mitgebrachten Zeichnung von dem im H.Z.H. vorrätigen Metall zu gießen und in fertigen Stand zu setzen, und sowohl zu diesem neuen Kanon als auch zu denen ohnlängst verfertigten schweren

4pfd.gen Kanons eine hinlängliche Anzahl eiserner geschmiedeter Kartätschen anzuschaffen, um mit beiden Geschützarten Versuche anstellen zu können.

3.)

Den Etat von Ober- und Unteroffiziers auch Kanoniers und deren Verpflegung im Lande und Felde haben Ihro Churfürstl. Durchl. in der angefügten Höchsteigenhändigen signierten Beilage bis auf die Fuhr- und Packknechte auch Pferde im Felde, festgesetzt, und in Gemäßheit derselben sind die Herstellungs- und Verpflegungs-Auswürfe zu fertigen.

4.)

Die Offiziers werden sämtlich aus dem Feld-Artillerie-Korps nach denen von dem Kommandanten desselben dem General Freiherr von Hiller deshalb zu eröffnenden ohnmaßgeblichen Vorschlägen, gezogen, welche ihre in dem Korps habende Anciennität behalten, auch nach Befinden in selbiges, wenn sie die Tour zu Erlangung einer Kompanie betrifft, wieder eintreten. Es wird das erste Dienstpferd unendgeldlich geliefert, auch bewilligen Ihro Churfürstl. Durchl. selbigen und zwar dem Kommandanten zwei, den Subaltern-Ofiziers eine monatliche Ration ebenfalls unentgteldlich und ‖ zwar in dem Maße, wie die Fourage für die übrigen Dienstpferde vergütet wird.

5.)

Zur ersten Herstellung werden die sämtlichen Unteroffiziers incl. 55 Kanoniers aus dem Feld-Artillerie-Korps, die übrigen 25 Kanoniers aber aus den Chevauxlegers Regimentern gezogen

Der Fourier, Feldscher und Trompeter sind anzuwerben.

6.)

Wegen der Knechte, hat das Geheime Kriegs-Rats-Kollegium noch in nähere Erwägung zu ziehen, ob solche nicht ebenfalls durch Anwerbung zu erlangen sein möchten.

7.)

Zur Entschädigung für die Mannschafts-Abgabe, wird den Kompanie-Inhabern bei dem Feld-Artillerie-Korps und den Chevauxlegers Regimentern 1 Thlr. künftig zu den Anwerbungs-Kosten par tête, ingleichen den Genuß der 5 monatlichen Vakanz bewilligt.

8.)

Die Mannschaft die aus den Chevauxlegers Regimentern gezogen wird, bringt ihre Dienstpferde mit; in wie ferne aber die zu Berittenmachung der übrigen Mannschaft erforderlichen Pferde ebenfalls aus den Chevauxlegers Regimentern zu entnehmen sein möchten, darüber ist zuförderst mit dem General-Inspekteurs der Kavallerie Rücksprache zu halten.

9.)

Zur Bespannung werden deutsche Pferde von einem Mittelschlage genommen, und deren Anschaffung wird durch einen Lieferanten bewerkstelligt, jedoch ist dabei das Absehen auf junge gesunde, tätige und größtenteils eingefahrene Pferde vorzüglich zu richten.

10.)

Die zu Bekleidung der Mannschaft incl. die zu den ‖ Pferde-Equipagen und Geschirren, teils hier verfertigten, teils aus Berlin verlangte Probestücken, wobei zugleich auf 1 Mantelsack für jeden Knecht Bedacht zu nehmen ist, wollen Ihro Churfürstl. Durchl. zuförderst in Höchsten Augenschein nehmen und deshalb die Zeit und den Ort, wo solches geschehen soll, des nächsten bestimmen.

11.)

Sämtliche Feld-Equipage-Stücke sind nach der bei denen Chevauxlegers Regimentern vorgeschriebenen Facon einzurichten.

12.)

Zur Dressierung und Anweisung der Artillerie Mannschaft im Reiten, werden Ihro Churfürstl. Durchl. 2 erfahrne Kavallerie-Offiziers kommandieren lassen und deshalb zu seiner Zeit die General-Inspekteurs der Kavallerie mit Anweisung versehen.

13.)

Auf die Anschaffung einer Feldschmiede ist einige Rücksicht weiter nicht zu nehmen.

Es geschieht aber:

14.)

im Felde die Transportierung der Fourage, der Zelter und Kammer-Vorräte durch Packpferde, dahero das Geheime Kriegs-Rats-Kollegium annoch in ohnmaßgeblichen Vorschlag zu bringen hat, wie viel zu diesem Behuf Pferde und Knechte erforderlich sind, und was an denen nochhin vorgeschlagenen Wagen-Fuhrknechten und Pferden incl. der Reserve verbleibt.

15.)

Dem Kommandanten der Batterie wird die Wirtschaft in Gemäßheit des bei der Armee eingeführten Wirtschafts-Vorstands übertragen, er hat dahero das Gewehrgeld von 600 Thlr. wie andere Kompanie-Inhaber zu leisten, und bei der General-Kriegskasse zu deponieren.

16.)

Zum künftigen Standquartiere dieser Batterie ‖ haben Ihro Churfürstl. Durchl. die Stadt Radeburg bestimmt, wann anhero zu den Unterkommen daselbst die nötige Vorkehrung in Zeiten zu treffen ist.

17.)

Diese Batterie reitender Artillerie bleibt übrigens in allen Dienst- und anderen Angelegenheiten den Befehlen des jedesmaligen Kommandanten des Feld-Artillerie-Korps, welcher auch das ausgesetzte Kopfgeld zu empfangen hat, unterworfen.

Datum Dresden am 4. Februar 1802

Friedrich August

Beilage C

Etat **Der bei einer zu errichtenden Batterie reitender Artillerie von 8 Stück Geschütz anzustellen(den) Mannschaft und deren Verpflegung**

A.	**Bei der Batterie**							
	an Offiziers							
	1 Prem.Leutnant als Kommandeur mit Capitäns-Charakter		34 Thl		Gr.		Pf.	
	2 Sous-Leutnants		27					
	1 Stückjunker		25					
	4 Mann							
	an Unteroffiziers und Gemeinen							
	1 Kanonier-Sergeant	beritten	8 "		3 "		9	"
	2 Feuerwerker	beritten	7 "		4 "		3	"
	1 Fourier	unberitten	7 "				9	"
	1 Feldscher	unberitten	7 "		8 "			
	6 Korporals	beritten	6 "		4 "		9	"
	2 Trompeter	beritten	4 "		16 "			
	20 Oberkanoniers	beritten	3 "		19 "		4	"
	60 Unterkanoniers	beritten	3 "				2	"
	93 Mann							
	97 Mann Summa mit 91 Pferden im Lande							

Unter vorstehender für die berittene Mannschaft
ausgesetzten Löhnung ist der Aufschlag an 4 Gr.
monatlich mit bestimmt.

B.	**Beim Train**							
	1 Wagenbauer	im Lande	unberitten	2 "		12 "		
		im Felde	beritten	2 "		16 "		
	24 Knechte zu	48 Geschützpferden		2 "		12 "		
	An Handwerkern							
	1 Schmiedemeister			7 "		20 "		
	1 Schmiedegeselle			5 "		21 "		
	1 Sattlermeister			7 "		20 "		
	1 Wagnermeister			7 "		20 "		
	Im Felde wachsen zu							
	1 Rechnungsführer		beritten	7 "		4 "		9
	1 Feldscher		beritten	7 "		12 "		
	2 Schirrmeister		beritten	4 "		21 "		
	1 Wagenbauer		beritten	2 "		16 "		
	5 Mann							

Die Zahl der erforderlichen Fuhr- und Packknechte incl.
der Pferde wird künftig bestimmt. Die Löhnung für sothane
Knechte aber besteht in   2 "   12 "

Überdieses

An Löhnungszuschuß auf die präsente Mannschaft, jedoch mit Ausschluß der Handwerker, Schirrmeister, Wagenbauer und Knechte — monatlich

	Thl	12 Gr.		Pf.
An übrigen Gebührnissen im Lande und Felde				
Dem Kommandanten Tractament Zulage im Felde	5 "	12 "		
Beimontierungsgeld, als :				
auf Sergeanten, Feuerwerker, Korporals, Trompeter, Ober- und Unterkanoniers incl. Wagenbauer im Lande		13 "	4	41/60
auf Fourier und Feldscher im Lande		13 "	9	1/10 "
auf sämtliche vorbemeldete Personen incl. Rechnungs-				"
führer, Feldscher beim Train und Schirrmeister im Felde	1 "	1 "	4	41/60 "
auf die Handwerksleute im Lande			11	3/4
" im Felde		9 "	7	1/3 "
auf die Knechte im Lande		12 "	3	117/120 "
" im Felde		13 "	9	117/120 "
Medikamentengeld auf sämtliche Mannschaften				"
an Unteroffiziers und Gemeine incl. Rechnungsführer, Schirrmeister, Wagenbauer und Knechte				
excl. der Handwerksleute im Lande		1 "	6	"
" im Felde		2 "		
Zu Unterhaltung des Seitengwehrs im Lande und im Felde			4	"
Zu Unterhaltung der Feldflaschen			1	"
Zur Unterhaltung der 2 Trompeten		3 "		
Roßkurengeld im Lande		1 "		
im Felde		2 "		
Remontegeld auf 1 Unteroffiziers-Pferd im Lande		14 "		
im Felde		21 "	6	"
Remontegeld auf 1 gemeines Dienstpferd im Lande		6 "	6	"
im Felde		10 "	3	"
Remontegeld auf 1 Reitklepper im Felde		10 "	3	"
" auf 1 Zugpferd im Lande		14 "		
im Felde	1 "	2 "		
Hufschlag auf die Geschütz-, Munitions- und Train-Pferde im Lande und im Felde		8 "		
auf die Reserve-Pferde im Felde		4 "		
Kopfgeld auf sämtliche Mannschaft bei der Batterie, Train und Reserve im Lande		2 "		
im Felde		4 "		
Quartiergeld für den Kommandanten	3 "	18 "		
einen Sous-Leutnant o. Stückjunker	2 "	8 "	3	"
den berittenen Uffz. oder Gemeinen		15 "		
die unberittenen		8 "		
1 Knecht und 2 Pferde		23 "		
1 Wachstube	1 "	21 "		
Fouragegeld auf die Dienstpferde	4 "			

		monatlich		
Fleischgeld im Felde auf Unteroffiziers und Gemeine incl. der Schirrmeister, Wagenbauer und Knechte, auch der Handwerksleute		Thl	6 Gr.	Pf.
Kleidergeld auf Unteroffiziers und Gemeine auch Train-personen excl. der Handwerksleute	im Lande		7	4
	im Felde		8	1
Kleidergeld auf die Knechte	im Lande		6	4
Beimontierungsgeld, als :	im Felde		7	1

Übrigens
werden im Felde

für den Kommaneur	6 Portionen	8 Rationen	für jeden
der übrigen Offiziers	2 "	3 "	für die

sämtlichen Mannschaften incl. Handwerkern, für jeden eine Portion,
nebst den für die Dienst-, Zug- und Packpferde erforderlichen Rationen
bestimmt.

Datum: Dresden am 4. Februar 1802

                                                    Friedrich August

Beilage D

Ihro Churfürstl. Durchl. sind entschlossen, nunmehro zu der Einrichtung einer Batterie reitender Artillerie nach dem bereits unterm 4^n Februar 1802 gnädigst approbierten Etat vorzuschreiten, solche jedoch vor jetzt, nebst den Reitpferden nur mit denen zur Bespannung des Geschützes erforderlichen Zugpferden, und überdies annoch mit einer Reserve von 4 Zugpferden nebst 2 Knechten versehen, dagegen aber, solange die Armee auf dem Friedenetat, bei dem Feld-Artillerie-Korps per Kompanie 5 Unterkanoniers, mithin überhaupt 60 Mann aus der Verpflegung setzen und vakant führen zu lassen, und haben die Zeit, da bemeldete Batterie völlig hergestellt sein, und gedachte Vakanthaltung ihren Anfang nehmen soll, auf den 1^n Mai d.J. festgesetzt.

Wie nun Höchst Dieselben Dero geheimes Kriegs-Rats-Kollegium, dass selbiges wegen Herstellung sotaner Batterie, Bekleidung der Mannschaft und Equipierung der Pferde, Verpflegung derselben, Einrichtung der Quartiere und Ställe zu Radeburg, als dem für selbige bestimmten Standquartiere, auch Erbauung eines Schuppens daselbst, zu Unterbringung des Geschützes und der Requisiten die erforderlichen Anstalten treffen, nicht minder wegen Einziehung der Löhnung und übrigen Gebührnisse auf vorbestimmte Vakant-Mannschaft das Nötige anordnen soll, angewiesen so wohl als auch den General Inspekteur der

Kavallerie Gen.-Major von Zastrow und von Trützschler, dass selbige die Abgabe nicht nur, der in den 5 Punkten der Höchsten Resolution vom 4$\underline{n}$ Februar 1802 zur ersten Herstellung der reitenden Batterie, aus den Chevauxlegers-Regimentern bestimmten Mannschaft und Pferde, sondern auch annoch überdies, und außerdem anjetzt, nach erfolgter Demobilisierung des mobilen Truppenkorps zum Behuf er Errichtung mehrgedachter Batterie zurückbehaltenen Pferde für die Offiziers und zur Berittenmachung der sämtlichen Mannschaften erforderlichen Pferden von den Kavallerie-Regimentern, veranstalten, auch zur Dressierung und Anweisung der Artillerie-Mannschaften ‖ im Reiten, 2 erfahrene Kavallerie-Unteroffiziers kommandieren lassen sollen, dato aufgegeben haben. Also befehlen Ihro Churfüstl. Durchl. dem Kommandanten des Feld-Artillerie-Korps Obersten Birnbaum hiermit gnädigst, er wolle zuförderst wegen Besetzung der in dem Etat vom 4$\underline{n}$ Februar 1802 bereits bestimmten Kommandeur und Oberoffiziers Stellen anderweite ohnmaßgebliche Vorschläge einreichen, dabei aber seinen Pflichten gemäß, bedächtig auf solche Subjekte welche mit gründlicher Dienst- und Artillerie-Kenntnis eine gesunde und dauerhafte Konstitution, Entschlossenheit, Erfahrung und Fähigkeit im Reiten verbinden, Rücksicht nehmen, hiernächst die in dem 5 Punkte schon erwähnten Resolution, zur ersten Herstellung aus dem Feld-Artillerie-Korps bestimmten Unteroffiziers und Kanoniers auswählen, und zur festgesetzten Zeit abgeben, von diesem und dem sich sonst erwachsenden ordinären Abgange im Korps aber, die zur Vakanthaltung bestimmte Mannschaft unbesetzt, auch überhaupt seines Orts alles was zur Organisierung der reitenden Batterie erforderlich sein möchte, beitragen und veranstalten, übrigens aber einen Entwurf zur Vorschrift für den Kommandeur, wie er sich in Ansehung des Dienstes verhalten und das Exerzieren anweisen lassen soll, fertigen und zur Höchsten Approbation gehorsamst einreichen.

Gegeben unter Ihrer Höchsteigenhändigen Unterschrift zu Dresden am 16$\underline{n}$ März 1806

Ordre   Friedrich August
An den Kommandanten des Feld-
Artillerie-Korps Obersten   von Low
Birnbaum
Dass eine Batterie reitender Artillerie errichtet,dagegen bei dem Feld-Artillerie-Korps per Komp.
5 Unterkanoniers vakant geführt werden sollen   Carl Friedrich Benjamin
Pietsch

———

Beilage E

Ihro Churfürstl. Durchl. von Sachsen haben Dero General Major und General Inspekteur der Kavallerie von Zastrow neben der ihm anvertrauten General Inspektion über die mit 1^n Mai d.J. darzustellenden Batterie reitender Artillerie wie hiermit geschiehet, zu übertragen für gut befunden, und zwar dergestalt, dass derselbe sowohl die Musterungs-, Revisions- und Wirtschaftssachen der reitenden Artillerie, als auch die sonst außer der Musterung vorfallende die Mannschaft und Remonte betreffenden Angelegenheiten mit zu besorgen und darüber nach Maßgabe der ihm als General Inspekteur erteilten Instruktion zu cognoscieren, hiernächst, wenn von Seiten des Geheimen Kriegs-Rats-Kollegii in denen zu dessen Inkurbanz gehörige Verpflegungs-, Ausfütterungs-, Montierungs-, Armierungs-, Pferde-Equipierungs-, Delogierungs-, Marsch-, Vorspann-, Magazins- und andern Angelegenheiten etwas communicant an ihnen gelanget, ingleichen auch, wenn einzelne Kommandos und Detachements zu geben sind, die diesfallsigen Anordnungen an den Kommandanten des Feld-Artillerie-Korps Obersten Birnbaum zu erlassen haben soll, inmaßen dieser was vorerwähnte Angelegenheiten bei der reitenden Artillerie betrifft, an seine des General Inspekteurs von Zastrow Ordre und zur Einsendung der deshalb zu erstellenden Rapports und Eingaben an ihn, angewiesen wird.

Die hingegen dem Kommandanten des Feld-Artillerie-Korps in Ansehung der Wiederbesetzung erledigt werdender Offiziersstellen des Avancements, der Beurlaubung und Demission der Offiziers und alles dessen, was auf die Artillerie-Wissenschaften, Übung und den Dienst Bezug habe, nach der bei dem Feld-Artillerie-Korps in diesen Fällen hervorgebrachten Prärogation unmittelbar an Ihro Churfl. Durchl. Vortrag und Rapport zu erstatten, vorbehalten bleibt.

Höchst Dieselben machen demnach solches alles dem General Major und General Inspekteur der Kavallerie von Zastrow zu seiner gehorsamsten Nachachtung hier durch bekannt und versehe sich der Musterungs- und aberwähnter Inspektions- Angelegenheiten bei der Batterie reitender Artillerie gehörig unterziehen und dabei das Beste des Dienstes wahrzunehmen beflissen sein.

Gegeben etc. Dresden den 2^n April 1806

Friedrich August

Ordre
An den General Major und General
Inspekteur der Kavallerie
von Zastrow

von Low

Carl Friedrich Benjamin Pietsch

———

Beilage F

Ihro Churfürstl. Durchl. von Sachsen machen dem Komandanten des Feld-Artillerie-Korps Obristen Birnbaum hierdurch bekannt, dass sie dem General Major und General Inspekteur der Kavallerie von Zastrow die General Inspektion über die 1^n Mai d.J. darzustellende Batterie reitender Artillerie zu übertragen für gut befunden haben, dergestalt, dass derselbe sowohl die Musterungs-, Revisions-, und Wirtschaftssachen bei der reitenden Artillerie, als auch die sonst außer der Musterung vorfallenden die Mannschaft und Remonte betreffende Angelegenheiten mit zu besorgen, hiernächst zu denen zur Inkurbanz des Geheimen Kriegs-Rats-Kollegii gehörig an ihn gelangenden Verpflegungs-, Ausfütterungs-, Montierungs-, Armierungs-, Pferde Equipierungs-, Delogierungs-, Marsch-, Vorspann-, Magazins- und andere Angelegenheiten, incl. wenn einzelne Kommandos und Detachements zu geben sind, die diesfallsigen Anordnungen zu erlassen haben soll. Höchst dieselben befehlen demnach dem Obersten Birnbaum hiermit gnädigst, er wolle sich hiernach gehorsamst richten, und was vorerwähnte Angelegenheiten bei der reitenden Artillerie betrifft, sich an den General Inspekteur von Zastrow wenden und an ihn die deshalb zu erstattenden Rapports und Eingaben einsenden inmaßen derselbe in diesen Fällen an die Ordre bemeldeten General Inspekteurs hierdurch angewiesen wird, dahingegen er in Ansehung der Wiederbesetzung erledigt werdender Offiziers Stellen, des Avancements, der Beurlaubung und Dimission der Offiziers und allen dessen was auf die Artillerie Wissenschaften, Übungen und Dienst Bezug hat, bei der, bei dem Feld-Artillerie-Korps hergebrachten Prärogationen unmittelbar an Ihro Churfürstl. Durchlaucht Vortrag und Rapport zu erstatten fernerhin bewendet.

Gegeben unter Ihro Höchsteigenhändigen Unterschrift zu Dresden den 2 April 1806   Friedrich August
Ordre

An den Kommandanten des   von Low
Feld-Artillerie-Korps Obersten Birnbaum
Dass die General Inspektions Angelegenheiten
bei der zu errichtenden reitenden Artillerie dem
General Major und General Inspekteur der Kavallerie
von Zastrow übertragen werden   Carl Friedrich Benjamin Pietsch

―――

Beilage G

Tabella über die mit nachverzeichnetem Geschütz gemachten Versuche

Art des Geschütze und Kaliber	Größe des Objektes auf welches geschossen wurde Höhe in Ellen	Breite	Entfernung d. Scheibe vom Geschütz in Schritten	Ladung des Geschützes an Pulver in Pfund	an Kugeln in Stück	an Kartäts. in Stück	Richtung des Geschützes Höhe in Zollen	beträgt an Graden	Anzahl der Kartätschkugeln Stück	Gewicht einer Kartätschkugel in Loth
leichtes 8pfd.ge Kanon	5	60	600	3	--	3	2 1/2	3	41	8
	"	"	800	"		3	3	4	41	8
					3		3/4	1		
			1.000	"		3	7	5	20	16
	"	"			3		1	--		
	"	"	1.200	"	3	--	2 1/2	4		
neu gegossenes 6pfd.ges Kanon	"	"	600	2 1/4	--	3	Visir	--	41	6
	"	"	800	"		3	2 5/8	3	41	6
					3		Visir	--		
	"	"	1.000	"		3	3	3	20	12
					3		1 5/8	2		
	"	"	1.200	"	3	--	1 5/8	2		
schweres 4pfd.ges Kanon	"	"	600	1 3/4	--	3	2	--	41	4
	"	"	800	"		3	3 1/2	3	41	4
					3		1/2	--		
	"	"	1.000	"		3	2 1/4	3	20	8
					3		1 1/4	2		
	"	"	1.200	"	3	--	1 1/8	2		

* worden, weil solche wegen der tiefen Richtung nicht in Betracht zu ziehen gewesen.

Gewicht der ganzen Kartätsche in Pfund	von Kart.kugeln haben die ganze Scheibe getroffen	wieviel davon durchge- schlagen Stück	Hinter der Scheibe ha- ben die Kart.- Kugeln auf- geschlagen	Wieviel das Geschütz zu elevieren Grad	zu plongie- ren	Anmerkung
11 1/4	5 Kart.K.	5 Kart.K.	"	35	10	
11 1/4	3 Kart.K.	2 Kart.K.	"	"	"	
	- Kan.K.	- Kan.K.	"	"	"	
11	- Kart.K.	- Kart.K.	"	"	"	
	1 Kan.K.	1 Kan.K.	"	"	"	
	--	--	"	"	"	
8 5/8	21 Kart.K.	21 Kart.K.	"	10 1/2	1	Die ersten 3
8 5/8	31 Kart.K.	26 Kart.K.	"	"	"	Kartätsschuß
	1 Kann.K.	1 Kann.K.	"	"	"	auf die Distanz
8 1/4	8 Kart.K.	3 Kart.K.	"	"	"	von 800 Schritt
	- Kan.K.	- Kan.K.	"	"	"	sind nicht
	1 Kan.K.	1 Kan.K.	"	"	"	eingerechnet*
5 7/8	36 Kart.K.	34 Kart.K.	"	37	8	
5 7/8	32 Kart.K.	22 Kart.K.	"	"	"	
	1 Kan.K.	1 Kan.K.	"	"	"	
5 3/8	21 Kart.K.	15 Kart.K.	"	"	"	
	1 Kan.K.	1 Kan.K.	"	"	"	
	--	--	"	"	"	

Kart.K.   Kartätschkugel
Kann.K.   Kanonenkugel

———

Beilage H

Ordre

Ihro Churfürstl. Durchlaucht zu Sachsen genehmigen auf des Kommandanten des Feld-Artillerie-Korps Obristen Birnbaum untertänigsten Vortrag vom 2^{n} d.Mts., dass bei der zu errichtenden Batterie reitender Artillerie der Premier-Leutnant George Friedrich v.Grossmann als Kommandeur, die beiden Sous-Leutnants Karl Moritz Birnbaum und Carl Heinrich Rouvroy mit dieser Qualität als Sous-Leutnants und der Sous-Leutnant Friedrich Gottlieb Probsthayn als Stückjunker angestellt werden mögen.

Wie nun der Premier-Leutnant v.Grossmann als nunmehriger Kommandeur der Batterie; die Wirtschaft bei selbiger in Gemäßheit des 15^{n} Punktes der unterm 4^{n} Febr. 1802 erteilten Resolution übertragen ist, als befehlen Höchst Dieselben, bemeldetem Obristen hiermit gnädigst, er wolle das weitere erforderliche gehörig anordnen.

Gegeben unter Ihro Höchsteigenhändigen Unterschrift zu Dresden am 2^n April 1806

Friedrich August

———

Beilage I

Auswurf des Verpflegungs-Betrages für die vermöge Special-Rescripts vom 16^n März 1806 1mo Mai d.ai. zu errichtende eine Batterie reitender Artillerie nach dem unterm 4^n Februar 1802 Höchst approbierten Land-Etat.

A Batterie		monatlich		
Tractement		Thl	Gr.	Pf.
1 Premier-Leutnant und Kommandeur		34 "		
2 Sous-Leutnants	à 27 Thl.	54 "		
1 Stückjunker		25 "		
4 Mann	Summa der Tractements	113 "		
Löhnung				
1 Kanonier-Sergeant	beritten	8 "	3 " 9	"
2 Feuerwerker	beritten à 7Thl 4Gr 3Pf	14 "	8 " 6	"
1 Fourier	unberitten	7 "	" 9	"
1 Feldscheer	unberitten	7 "	8 "	"
6 Corporals	beritten à 6Thl 4Gr 9Pf	37 "	4 " 6	"
2 Trompeter	beritten à 4Thl 16Gr	9 "	8 "	"
20 Ober-Kanoniers	beritten à 3Thl 19Gr 4Pf	76 "	2 " 8	"
60 Unter-Kanoniers	beritten à 3Thl -Gr 2Pf	180 "	10 "	"
93 Mann mit 91 Pferden	Summa der Löhnung	339 "	22 " 2	"
Hierüber an Löhnungs-Zuschuß auf 93 Unteroffiziers und Gemeine à 12 Gr.		46 "	12 "	
		sps		

	monatlich		
Übrige Gebührnisse	Thl	Gr.	Pf.
Beimontierungsgeld auf 93 Mann, nämlich			
91 Berittene à 20Gr 4 41/60Pf = 77Thl 7Gr 6 11/60 Pf			
2 Unberittene à 13Gr 9 1/10Pf = 1Thl 3Gr 6 1/5 Pf	78 "	11 "	23/60 "
Medikamentengeld auf 93 Mann à 1Gr 6Pf	5 "	19 "	6 "
Unterhaltung des Seitengewehrs b.93 M. à -Gr 4Pf	1 "	7 "	
Unterhaltung der Feldflaschen b.93 Mann à -Gr 1Pf		7 "	9 "
Unterhaltung der 2 Trompeten à 3Gr -Pf		6 "	
Kurgelder auf 91 Pferde à 1Gr -Pf	3 "	19 "	
Remontegeld auf 91 Dienstpferde, nämlich			
9 Unteroffizierspferde à 14Gr -Pf = 5Thl 6Gr -Pf			
82 Gemeinen-Dienstpferde à 6Gr 6Pf = 22Thl 5Gr -Pf	27 "	11 "	"
Ferner			
Kopfgelder auf 93 Mann à 2 Gr	7 "	18 "	
Quartiergelder auf Oberoffiziers, nämlich			
1 Premier-Leutnant à 3 Thl 18Gr -Pf			
2 Sous-Leutnant à 2Thl 8 Gr 3Pf = 4Thl 16Gr 6Pf	10 "	18 "	9 "
1 Stückjunker à 2Thl 8 Gr 3Pf			
4 Mann			
Dergleichen auf 93 Unteroffiziers und Gemeine als			
91 Berittene à -Thl 15Gr -Pf = 56Thl 21Gr -Pf			
2 Unberittene à -Thl 8Gr -Pf = -Thl 16Gr -Pf	57 "	13 "	
Dergleichen auf 1 Wachstube	1 "	21 "	
Fouragegeld auf 91 Dienstpferde à 4 Thl	364 "		
Dergleichen auf 5 Offizierspferde, nämlich			
2 Pferde für den Kommandeur à 4 Thl = 8Thl			
2 Pferde für 2 Sous-Leutnants à 4 Thl = 8 Thl	20 "		
1 Pferd für 1 Stückjunker à 4 Thl			
Kleidergeld auf 93 Mann à 7Gr 4Pf	28 "	10 "	
Summa der Gebührnisse	607 "	18 "	23/60 "
Summa bei der Batterie	1.107 "	4 "	2 23/60 "

B Beim Train

Gehalt und Löhnung

	Thl	Gr.	Pf.
1 Schmiedemeister unberitten	7 "	20 "	
1 Schmiedegeselle unberitten	5 "	21 "	
1 Sattlermeister unberitten	7 "	20 "	
1 Wagnermeister unberitten	7 "	20 "	
1 Wagenbauer unberitten	2 "	12 "	
24 Knechte mit 48 Geschützpferden à 2Thl 12 Gr.	60 "		
2 Reserve-Knechte mit 4 Pferden à 2Thl 12 Gr.	5 "		
31 Mann mit 52 Pferden Summa	96 "	21 "	
	"	"	"
Hierüber	"	"	"
An Löhnungszuschuß für 1 Wagenbauer			
und 26 Knechte à 12Gr	13	12	
sps.			

Übrige Gebührnisse		monatlich		
		Thl	Gr.	Pf.
Beimontierungsgeld auf 31 Mann, nämlich				
4 Handwerksleute, unberitt. à 11 3/4Pf = -Thl 3Gr 11 Pf				
1 Wagenbauer, unberitten à 13Gr 9 1/10Pf		14 "	2 "	3 9/20 "
26 Knechte à 12Gr 3 39/40Pf = 13Thl 8Gr 7 7/20Pf				
Medikamentengeld auf 27 Mann à 1Gr 6Pf		1 "	16 "	6 "
Unterhaltung des Seitengewehrs b.5 M. à -Gr 4Pf		"	1 "	8
Unterhaltung der Feldflaschen b.31 Mann à -Gr 1Pf			2 "	7 "
Kurgelder auf 52 Pferde à 1Gr -Pf		2 "	4 "	
Remontegeld auf diese 52 Pferde à 14Gr -Pf		30 "	8 "	
Hufschlag auf diese Pferde à 8Gr -Pf		17 "	8 "	
Kopfgelder auf 31 Mann à 2 Gr -Pf		2 "	14 "	
Quartiergelder auf Mannschaft und Pferde, als				
5 Unberittene à -Thl 8Gr -Pf = 1Thl 16Gr -Pf				
26 Knechte jeder 2 Pferde à -Thl 23Gr -Pf = 24Thl 22Gr -Pf		26 "	14 "	
Fouragegeld auf 52 Geschütz- und				
Resevepferde à 4 Thl		208 "		
Kleidergeld auf 27 Mann, nämlich		20 "		
1 Wagebauer			7 "	4 "
26 Knechte à 6Gr 4Pf		6 "	20 "	8 "
	Summa der Gebührnisse	310 "	3 "	9/20 "
31 Mann mit 52 Pferden	Summa beim Train	420 "	12 "	9/20 "
124 Mann mit 143 Pferden /excl. 5 Offz.pferde/ bei 1 Bttr.		1.527	16	2 5/6

Dresden, den 9n April 1806

Beilage K

Rapport von der reitenden Batterie nebst Beilage an den Herrn Obrist Leutnant und Kommandanten der mobilen Artillerie Rouvroy, Hochwohlgeboren

Rapport von der Churfürstl. Sächs. reitenden Artillerie, vom 9^n Oktbr. bis 1^n Novbr. 1806

Am 9^n Oktober brach ich früh mit meiner unterhabenden Batterie aus dem gehabten Nacht-Quartier Groß-Sora auf und erhielt auf dem Marsch den Befehl vor St.Gangloff mich an die Capitain Bonniotsche Batterie zu attachieren, wo ich rechts der Straße auf deren rechten Flügel auffuhr und mit Mannschaften und Pferden ½ Stunde davon ins Quartier nach Dorf Reichenbach ging. Durch den Capitain Bonniot wurde mir daselbst Mittags 12 Uhr der Befehl bekannt gemacht, dass die reitende Batterie sogleich aufbrechen und ihren Marsch über Rottenpach, Sorge und Gerode nach Mittelpöllnitz zu nehmen sollte. Gegen Abend traf die Batterie in Mittelpöllnitz beim Sächs. Korps ein, wurde vor der an dem Wege dahin liegenden Ziegelscheune dergestalt platziert, dass der Weg nach Mittelpöllnitz zwischen der Batterie blieb und von dieser bestrichen werden konnte, so wie das davor liegende Tal, welches 750 Schritt betrug.

Zur linken Hand stand die Batterie des Capitain Bonniot und rechts das Regiment von Kochtitzky Kürassiers. Die reitende Batterie biwakierte daselbst bis zum werdenden Morgen, wo der Sous-Leutnant Birnbaum mit 2 Kanons detachiert wurde. Späterhin zog sich denselben Morgen die reitende Batterie auf eine Anhöhe zur rechten vor dem Walde liegend, zwischen Mittelpöllnitz und Triptis unter Bedeckung des Regiments v.Kochtitzky Kürassiers, wozu späterhin noch das Regiment Prinz Clemens Chevaux legers stieß, um das vorliegende Tal zwischen Mittel- und Niederpöllnitz bestreichen zu können. Eodem die Nachmittags wurde die Batterie in gerade Linie zirka 500 Schritt vorwärts platziert, wo der Sous-Leutnant Birnbaum mit 2 Kanonen wieder zur Batterie stieß.

Ohngefähr 1 Stunde hatte die reitende Batterie in dieser Position gestanden, als sie zum Rückzug befehligt wurde, wo sich selbige an des Regiment von Kochtitzky Kürassiers anschloß, welches Regiment bis gegen Stadt Rotha marschierte, die Batterie aber 1 Stunde über Rotha hinaus auf der Straße nach Jena, wo wir früh 4 Uhr den 11^n Oktbr. Ankamen und links der Straße biwakierten und fütterten.

Den 11^n früh zwischen 8 und 9 Uhr marschierte das Sächs. Korps nach Jena bei der Batterie vorüber, welche unter Bedeckung von 2 Escaadrons letztgedachten Kürassier Regiments dem Korps folgte und zur Deckung der Saalebrücke bei Burgau bestimmt war.

Hinter Burgau marschierte die Batterie mit 2 Escadrons von Kochtitzky Kürassiers auf, von wo aus selbige, nachdem sie ½ Stunde daselbst gestanden hatte von dem Herrn General Leutnant von Zeschwitz befehligt wurde, nach Jena zu marschieren, in Jena selbst aber erhielt die Batterie Befehl, auf den Schneckenberg über Jena zu marschieren und daselbst Position zu nehmen. Der Fahrweg dahin geht durch eine Schlucht, zu beiden Seiten befinden sich Wassergräben, Hecken, Weiden und viele Berge, rechts dieses Weges, jenseits des Grabens ist noch ein schmaler Erdstrich, auf welchem Königl. Preuß. und Churfl. Sächs. Truppen aller Art biwakierten. Ohngefähr eine ½ Stunde war die Batterie diesen Weg marschiert, als sich plötzlich ein allgemeines Geschrei erhob: Die Franzosen greifen mit Übermacht an, worauf alle in Bewegung kamen und einen schnellen Rückzug begannen. Hierauf ließ ich die Batterie halt machen, weil in diesem engen von Bergen eingeschlossenen Wege die Batterie nicht auffahren und wirksam sein, sehr leicht aber vom Feinde genommen werden konnte und versuchte den Kommandanten der vor der Batterie marschierenden Escadron von Kochtitzky Kürassier /: eine zweite Escadron dieses Regiments marschierte hinter der Batterie :/ eine Patrouille vorzuschicken, es kam aber solche sehr bald von Königl. Preuß. Husaren gedrängt zurück, welche letzte das Geschrei, die Franzosen greifen an, erneuerten, im vollen Jagen retirierten, im Vorbeieilen auf die Pferde der Batterie schlugen und einige Stränge zerhauten. Indes ließ ich die Batterie umkehren, in der Absicht über der Brücke von Jena in denen rechts am Berge liegenden Gärten aufzufahren, und den Feind von dem Übergang über die Saale daselbst zu hindern. Durch die beim ersten Lärm retirierten Fuhrwesen und die auf diesem enge Wege eindringende Kavallerie und Infanterie wurde die Baterie getrennt und am Umkehren verhindert, wobei auch 1 Kanon umwarf. In diesem Gedränge war es nicht möglich, zeitig genug die tète der Batterie zu erreichen, eben so wenig, selbige anzuhalten und geschlossen marschieren zu lassen. In den engen Gassen in Jena wurde das Gedränge noch größer, der Lärm von angeblichen Angriff des Feindes erneuert und dadurch die Retirade beschleunigt, wobei durch das unvorsichtige Fahren der Knechte an denen zur Seite stehenden hohen Steinen mit den Achsen angefahren, so wie in denen durch die in der Stadt befindlichen tiefen Schleußen Kanonens umgeworfen wurden. Die unbeschädigten Kanons und Wagen wurden über der Brücke der Saale gesammelt und da platziert, wo es wie obgedacht, meine Absicht war, die Batterie auffahren zu lassen.

In einigen Stunden war das beschädigte Geschütz repariert und die Batterie in marschfertigem Stande, excl. 1 Kanon, welches aber noch in der Nacht von 11^{n} und 12^{n} Oktbr eintraf, Sr. Excellenz dem Herrn General von Zeschwitz und Herrn Obristleutnant Rouvroy meldete ich solches Nachmittags den 11^{n} ejsd. in Jena und marschierte auf erhaltenen Befehl sogleich auf den Schneckenberg, wo die Batterie die Nacht vom 11^{n} und 12^{n} Oktbr Biwak machten. Den 12^{n} ejsd. früh marschierte die reitende Batterie unter Bedeckung von gedachten 2 Escadrons von Kochtitzky Kürassieren, in die Gegend von Isserstädt, wo sie erhaltenen Befehl zu Folge, dergestalt Position nahm, dass Isserstädt und der dabei liegende

Wald rechts vor uns blieb und die Ebene davor bestrichen werden konnte. Eodem die Nachmittag mussten wir diese Position verlassen und zurück ins Lager marschieren, wo die Batterie auf den rechten Flügel der sächsischen Kavallerie auffuhr und Lager schlug. Rechts stand ein Preuß. Infanterie Regiment, welches eod. die Nachmittags abmarschierte und an dessen Stelle ein Preuß. Grenadier Bataillon und eine Preuß. Fuß-Batterie einrückte.

Den 13$^{\underline{n}}$ früh wurde der Sous-Leutnant Rouvroy mit 2 Kanons zu der beabsichtigten Fouragierung bei Isserstädt kommandiert und traf eod. die Abend bei der Batterie ein. Eod. die früh musste sich die Batterie in marschfertigen Stand setzen und das Lager abbrechen, rückte aber nicht aus und schlug eod. die Abend wieder Lager. In der Nacht vom 13$^{\underline{n}}$ und 14$^{\underline{n}}$ ejsd. wurde Befehl gegeben sich in Bereitschaft zu halten und den 14$^{\underline{n}}$ früh marschierte die Batterie mit der Kavallerie vor dem Regiment Karabiniers nach Isserstädt zu Auf erhaltenen Befehle schickte ich den Kompanie Wagen mit der Churfürtl. Kasse in 3.875 Thlr. bestehend, als den noch vorhandenen baren Kassenbestand, von denen seit 1n Mai d.J. erhaltenen Gebührnissen, (den) Requisten Wagens, einen Wagens mit neuen Montierungsstücken für die Batterie, welches ich nachkommen ließ, erst 3 Tage zuvor erhielt und nichts als die Knechtsmäntel und einige Mantelsäcke denen hatte ausgeben können, unter Bedeckung, so wie die Offiziers Equipage nach Apolda, einen Wagen aber nach Weimar nach Brot, welche Kranke zugleich dahin transportierte, und welches alles in Feindes Hände geraten ist. Ohngefähr ½ Stunde vor Isserstädt marschierte die Batterie auf, von wo aus der Sous-Leutnant Probsthayn mit 2 Kanons vorwärts detachiert wurde.

Georg Friedrich v.Großmann	Prem.Leut.
Carl Moritz Birnbaum	Sous Leut.
Carl Friedrich Rouvroy	Sous Leut.
Friedrich Gottlieb Probsthayn	Sous Leut.

Hier stand die Batterie einige Zeit mit der auf beiden Flügeln haltenden Kavallerie, in der feindlichen Schusslinie, ohne jedoch beschädigt zu werden, weil die Kugeln meistenteils über uns gingen. Die Kavallerie zog sich verhero links, die Batterie aber ging kurz darauf gerade vor und wurde durch den General Adjutant von Zeschwitz dergestalt platziert, dass der rechte Flügel derselben ohnweit des rechts vor uns liegenden Waldes, welcher daselbst einen rechten Winkel bildete, zu stehen kam, links war eine flach anlaufende Höhe, eine größere aber vor uns, wo links zwei feindliche 12pfd.ge Batterien standen, welche ein anhaltendes Feuer auf unsere Batterie machten, uns 1 Unteroffizier, 1 Gemeinen und viele Pferde töteten, einige Mannschaften und sehr viele Reitpferde aber, vorzüglich blessierten. Hierüber wurden dem Sous-Leutnant Birnbaum seinem Pferd, die hinteren Schenkel entzwei geschossen und auch des Sous-Leutnant Rouvroy blessiert. Der General Adjutant v.Zeschwitz benachrichtigte mich bei der Platzierung des Batterie, dass in dem vor uns liegenden Walde Preußen wären, welches ein Preußischer Offizier nachher wiederholt versicherte. Plötzlich sahe ich aus dem Walde vor mir blau montierte Infanterie herauskommen, in der Voraussetzung aber, das es obbenannter Angabe zu Folge, Preußen wären, ließ ich das Feuer eines Teils der Batterie nur auf die gegenüberstehenden feindlichen Batterien, andern Teils aber auf eine geschlossene Kolonne Infanterie, welche auf die Front der Batterie avancierte, richten, welcher letzterer dadurch viel Abbruch getan und einige hundert Schritt links geworfen wurde, aus nur erwähnten Ursachen aber, wurde (ich) nicht eher gewahr, dass die aus dem Walde defilierende Infanterie Franzosen waren, bis selbige ein lebhaftes Kanonen und Musketenfeuer auf uns machten. Sehr nahe kam diese Infanterie, durch ein heftiges Kartätschenfeuer unserer Seits aber, wurde sie bald zerstreut und mit großem Verlust in besagten Wald zurückgedrängt. Links der Batterie marschierte beim Anfang der Affaire und rechts während der Affaire ein Preuß. Infanterie Regiment auf. Letzteres tat nut zwei Schuß und retirierte bei Ankunft der feindlichen Infanterie, so wie zuvor schon ein rechts hinter dem Walde stehendes Preuß. Kavallerie Kommando. Zur Deckung der Batterie war eine Kompanie des Regiments Albrecht Chevuax legers gegeben. Die preußische Infanterie auf dem rechten Flügel der Batterie wankte bei dem kleinen feindlichen Gewehr und Kartätschenfeuer, und retirierte ebenfalls, da her ich, als ich die Batterie ohne Bedeckung sah und der Feind uns drängte und unseren rechten Flügel genommen hatte, die Batterie unter dem auf selbige gerichteten feindlichen Feuer aufprotzen und retirieren ließ. Zwei demontierte Kanons und 1 Protzwagen musste ich daher dem Feind überlassen, obschon der Sous-Leutnant Rouvroy und Sergeant Büttner bemüht war, solche zu retten, woran sie vorzüglich die feindliche Kavallerie hinderte, auf welche der Sergeant Büttner und Unterkanonier Kloss beherzt attackierten und 2 Gemeinen zu Pferde gefangen machten. Meine Absicht ging dahin, eine Anhöhe zu gewinnen und mich wieder zu setzen, dieses wurde aber nicht so bald ausführbar, weil uns der Feind nahe verfolgte. Meine Pflicht gebietet es mir, hierbei nicht unbemerkt zu lassen, dass die Batterie bei dieser Affaire, wo sie doch nun zum ersten Male im Ganzen exerzierte, sich vorzüglich brav bewiesen und ihre Schuldigkeit genau erfüllt hat. Gegen 1 Stunde konnte die Batterie retiriert sein, ehe ich selbige wieder formieren und anders einteilen konnte, welches darum nötig war, weil sehr viele Mannschaften ihre Pferde eingebüßt hatten. Hier waren nur noch einige 40 Gemeine noch bei der Batterie. Wie viele Mannschaften blessiert und gefangen worden waren, ließ sich in diesem Augenblick nicht bestimmen. Mit 4 Kanonen und 8 Munitionswagen retirierte ich auf der Straße nach Weimar zu, als wohin das Schlacht Korps seinen Rückzug nahm.

Ohngefähr eine Stunde vor Weimar, wo rechts der Straße ein Birkenwald ist, traf ich links auf dem Felde eine Escadron Preuß. Husaren aufmarschiert, an welche ich mich attachierte und die Batterie daselbst auffahren ließ. Der Kommandant derselben führte mich abwärts in ein nahes Tal, wo ein Königl. Preuß. General von Königs Armee, so eben mit 1 Kavallerie- und 2 Infanterie-Regimentrn, 4 reitenden Kanons und einigen Fußjägern angekommen war, welcher sich mit gedachten Husaren und meiner Batterie vereinigen wollte, um den Feind den Verfolg seines Sieges wenigstens zu erschweren und ihn aufzuhalten. Nachdem ich nun mit bemerktem Preuß. Herrn General mich über die zu nehmende Position beratschlagt hatte und zu meiner Batterie zurückkehrte, um die nötigen Befehle zu erteilen, fand ich selbige nicht mehr, in dem sie auf Ordre des Herrn General von Dyherrn, welcher auf dem Rückzug die zerstreuten Truppen sammelte, nach Weimar abmarschiert war. Kurz vor Weimar holte ich selbige erst wieder ein, wo sie durch Kavallerie und Equipage-Wagen, wovon alle Wege verstopft waren, getrennt worden war. Ein Granatwagen warf hier um und musste bei diesem Getümmel liegen bleiben, weil uns der Feind verfolgte.

Während dieser Retirade meldete mir der Sous-Leutnant Birnbaum, dass er eine Kontusion erhalten habe und deshalb nach Weimar reiten wolle, wohin er durch den Sergeant und 2 Mann gebracht wurde.

Georg Friedrich v.Großmann	Prem.Leut.
Carl Moritz Birnbaum	Sous Leut.
Carl Friedrich Rouvroy	Sous Leut.

Der Herr Major von Egidi befehligte mich in Weimar, nach Buttelstädt zu marschieren, als wohin das Sächs. Korps gehen sollte. Ohngefähr eine Stunde vor Buttelstädt schickte ich den Sous-Leutnant Rouvroy voran und erielt durch ihn von Sr. Excellenz dem Herrn General von Zeschwitz den Befehl, meinen Marsch nach Buttelstädt fortzusetzen und mich an das Regiment v.Kochtitzky Kürassiere anzuschließen, durch die im Wege liegenden Fuhrwesen und toten Pferde aber und weil die Kavallerie in Buttelstädt einen Weg rechts annahm, wo das Geschütz nicht passieren konnte, weil solcher zu schmal war, wurde es mir ohnmöglich, der Kavallerie weiter zu folgen und wie dann der Sous-Leutnant Rouvroy sich bemühte, die hinteren Fuhrwesen durch die Sumpflöcher zu bringen, welche wir passieren mussten, war er in der Finsternis der Nacht mit einem Fuhrwesen von mir abgeschnitten worden.

Georg Friedrich v.Großmann	Prem.Leut.
Carl Friedrich Rouvroy	Sous Leut.

Bis 5 Uhr früh am $15^{\underline{n}}$ Oktober plagten wir uns, um auf die Höhe hinter Buttelstädt zu kommen, wo ich nichts weiter erfahren konnte, als, das Sächs. Korps sei nach Eckartsberga marschiert, worauf ich mit Tagesanbruch den Marsch mit der Batterie dahin antrat und in den nächsten 1 Stunde davon entfernten Dorfe für Futter sorgte, die Batterie aber auf der Straße halten ließ. Während ich füttern ließ, kam Königs-Armee mir entgegen, ihren Weg nach Buttelstädt zu nehmend. Mehrere Preuß. Generals und Offiziers versicherten mich, dass ich nicht weiter vormarschieren könnte, ohne dem Feind zu begegnen, welcher bei Eckartsberga sei. Hierauf ließ ich aufzäumen und war beabsichtigt mit Königs-Armee bis Buttelstädt zu gehen, von da aber nach Erfurt,

als wohin angeblich ein Teil des Sächs. Korps marschiert sein sollte. Diese Armee und besonders die Kavallerie marschierte so gedrängt, dass es nicht möglich war, an der Batterie herunter zu reiten, wo sich inzwischen die Munitionswagen bis auf einen in die preuß. Kolonne gedrängt hatten und mit dieser zurückgegangen waren, welches ich nicht eher bemerken konnte, als bis das Preuß. Korps die Linie der Batterie passiert hatte. In Buttelstädt hoffte ich, dass der Sous-Leutnant Rouvroy annoch sein könnte und die zur Batterie gehörigen Wagen sammeln und nachbringen würde, weshalb ich einen Unteroffizier abschickte, ihn von meinem Marsch nach Erfurt zu benachrichtigen. Der Unteroffizier aber konnte wegen der die enge Straße ausfüllenden Truppen nur hinter der Preuß. Kolonne in Buttelstädt ankommen und den Sous-Leutnat Rouvroy und die Munitionswagen nicht treffen. Meinen Marsch nahm ich seitwärts Buttelstädt nach Erfurt zu, wo ich noch 4 Unteroffiziers, 18 Gemeine, 20 Knechte, 4 Kanons, 1 4pfd.gen Kugelwagen, 22 Reit- und 10 Zugpferde bei mir hatte. Vor Erfurt traf ich auf ein französisches Korps auf denen Anhöhen postiert und zog mich rechts im Tal nach Utschen zu, wollte die von Erfurt zurückkehrende Preußische zertreute annoch armierte Infanterie sammeln und mich vereinigt mit dieser, solange als möglich zu verteidigen, wenn die Batterie angegriffen würde. Es war aber aller angewandten Mühe ohngeachtet nicht möglich selbige anzuhalten und ich hatte diesen Versuch schon auf dem Wege von Buttelstädt nach Erfurt vergeblich gemacht. Bei Utschen zog ich mich rechts auf eine Anhöhe, dem französischen Korps gegenüber, wo ich nur Preuß. Feldpost antraf, durch welche ich erfuhr, dass Sr. Majestät der König von Preußen, in Simmern sich befand. Links von Simmern nahm ich in Diensenhausen Nachtquartier, ließ in der Nacht auch die Pferde beschlagen, das Geschütz reparieren, einschmieren und die Pferde, welche durchgängig sehr gelitten hatten, einstallen, jedoch hielt ich selbige, wegen der Nähe des Feindes, gesattelt und angeschirrt in Bereitschaft und ließ das Geschütz an einem Zaun hinter dem Dorfe auffahren.

Den 17^{n} früh, vertrieb uns der Feind von hier, wo ich anstatt nach Weisensee zu marschieren, wie ich beabsichtigt war, nach Buttelstädt zu ging. Auf diesem Wege traf ich auf das Korps Sr. Excellenz des Herrn General Graf von Kalkreuth, welchem ich meine missliche Lage rapportierte und um doch vielleicht einige Dienste zu können, mich an die Preuß. reitende Batterie Schorlemmer anschloß. Mit der noch bei der Batterie befindlichen Munition bepackte ich die Protzen von (zwei) 4pfd.gen Kanons, die andern 2 Kanons aber, da sie nicht aktiv sein konnten, weil es mir an Munition und der nötigen Bedienung fehlte, teilte ich zu den Munitionswagen gedachter Batterie. Eod.die marschiert ich mit dem Kalkreutschen und der Schorlemmerschen Batterie über Greissen in eine Position, wo ich den Herrn General Senfft von Pilsach mit 2 Escadrons der Chevaux legers Regiementer Prinz Clemens und Prinz Johann antraf, an welche ich mich attachieren wollte, welches mir aber vereitelt wurde, weil ohne dass ich es bemerken konnte, diese 2 Escadrons abmarschiert waren. Gegen Abend begann französischer Seits eine starke Kanonade, welche geringer wurde, nachdem ein französischer General mit einem Trompeter zu Sr. Excellenz dem Herrn General von Kalkreuth geritten kam.

Nach dessen Rückkehr wurde die Kanonade noch heftiger als erste, worauf das Kalkreutsche Korps sich zurückzog, durch Sondershausen ging und vor Nordhausen auf einer Anhöhe den $18^{\underline{n}}$ ejsd Vormittags sich postierte. Die Position war sehr vorteilhaft und die Schorlemmersche Batterie konnte hier vorzüglich wirksam sein. Eod.die Nachmittags 3 Uhr griff uns der Feind von Sondershausen kommend an.

Die Batterie und leichte Infanterie tat einige Schuss und das ganze Korps zog sich nach einem geringen Widerstand links im Tal von Nordhausen zurück. Die 2 inaktiven Kanons schickte ich zurück auf die Anhöhe hinter der Stadt, damit sie observieren könnten, ob wir retirieren würden und wohin, da aber wider mein Erwarten, die Retirade durch das enge Tal genommen wurde, so gingen diese 2 Kanons durch die Stadt zurück, um sich an die Batterie anzuschließen und wurde mir gemeldet, dass von einem Kanon ein Hinterrad in der Stadt zerbrochen, der Feind aber durch das gegenüberstehenden Tal schon eingedrungen wäre, dahero dieses Kanon dem Feind überlassen werden musste. Das Kalkreutsche Korps retirierte in einem Marsch, die ganze Nacht hindurch, durch den Harzwald, über unwegsam steile Gebirge, wo ich es kaum für möglich erachtet haben würde, mit Geschütz daselbst fort zukommen. Die Finsternis der Nacht, Mannschaft und Pferde höchst müde und die schrecklichen Wege daselbst, waren hinlänglich, das ganze Korps zu trennen, und es langte Tags darauf früh, nur 3 Regimenter Infanterie und 2 zerstreute Kavallerie-Regimenter des Kalkreutschen Korps , so wie 4 Kanons der Schorlemmerschen Batterie auf einem freien Platz, über dem Walde, vor einem Dorfe, welches, wenn ich nicht irre, Gießen hieß, die zwei Kanons von meiner Batterie, waren auf diesem Nachtmarsch ebenfalls getrennt worden und vermutlich in eine andere Kolonne gekommen, denn das Kalkreutsche Korps ist angeblich in mehreren Kolonnen über den Harz gegangen, welches wegen Finsternis der Nacht nicht zu observieren war, ich behielt dahero nur noch 1 Kanon, 1 Munitionswagen, 1 Unteroffizier, 3 Kanoniers, 5 Reipferde, 8 Knechte und 20 Zugpferde. Wegen wiederholten Angriff feindlicher Seits zog sich das Kalkreutsche Korps zurück und marschierte über Blankenberg, Halberstadt und Oschersleben, wo ich in letztgedachten Orte den Herrn Obrist v.Parner mit einem großen Teil des Chevaux legers Regiments Prinz Albrecht antraf, mich bei demselben meldete und mit nur genannten Regiment ein Nachtquartier in Seehausen nahm. Folgenden Tages marschierte ich vereinigt mit dem Herrn Obrist von Parner nach Colbitz, wo genannter Herr Oberst Befehl erhielt, den $21^{\underline{n}}$ ejsd. früh ins Lager bei Magdeburg zu rücken. Auf die darüber gemachte Anzeige, dass solches unmöglich sei, weil nicht das geringste von Feld-Equipage vorhanden wäre, erging der Befehl von Sr. Durchl. dem Herrn General Fürst von Hohenlohe, bei Cobbeln über die Elbe (zu) gehen und in Berrei und Borgau Quartier zu nehmen. Den $22^{\underline{n}}$ ejsd. früh wurde der Marsch dahin angetreten, wegen der großen Anzahl Preuß. Kavallerie, welche bei Coppeln über die Elbe gehe wollte, und nur zwei kleine Fähren daselbst waren, war es unmöglich, diesen Tag auf das jenseitige Ufer zu kommen, der Herr Oberst v.Parner marschierte mit seinem Regiment an der Elbe weiter hinunter, um auf der nächsten, 4 Stunden von da, entfernten Fähre überzukommen, wegen Müdigkeit meiner unterhabenden Pferde aber, blieb ich bei Cobbeln, biwakierte daselbst und wurde den $22^{\underline{n}}$ Vormittags über die Elbe gesetzt. In Berrei und Borgau war die Preuß. Kavallerie schon so überlegt, dass sie ihre Pferde nicht alle unterbringen konnten. Zwei Preuß. Regiments-Kommandanten versicherten mich daselbst, dass Sachsen sich neutral erklärt hätte. In Berrei fütterte ich Mittags auf der Straße, wo ich den Capitain Lessing und den Leutnant v. Carlowitz des Regiments Prinz Albrecht Chevaux legers traf, welche Tages zuvor, ersterer zu Sr. Excellenz dem Herrn General von Zeschwitz nach Barbi, letzterer aber nach Magdeburg zur Ordonnanz bei Sr. Durchlaucht dem Herrn General Fürst von Hohenlohe abgegangen war. Ersterer hatte nur bis Magdeburg kommen können und brachte mir die Nachricht von letztgedachten Herrn General zurück, das Sachsen eine Konvention mit Frankreich abgeschlossen, das Sächs. Korps sich (bei) Tangermünde versammelte und von dem Preuß. Kommando von nun dispensiert sei. Letztern hatte obgedachter Herr General gesagt, dass er keinen sächs. Ordonnanzoffizier annehmen könnte, indem das Sächs. seinem Kommando nicht mehr untergeordnet sei. Hierdurch fand ich mich bewogen, bei Forchland über die Elbe zurück zu gehen und das Sächs. Korps bei Tangermünde aufzusuchen. Abends spät noch an diesem Tage ging ich über die Elbe zurück, wo ich den Leutnant v.Glaser vom Infanterie Regiment Prinz Friedrich August traf, welcher einige 40 Pferde zur Armee transportierte. Derselbe schloß sich an ich an und wir machten gemeinschaftlich Nachtquartier in Grieben, des andern Morgens den 23n Oktober ließ ich die Pferde beschlagen, mein Kanon und Wagen reparieren und marschierte, nachdem ich Erkundigungen eingezogen hatte und niemand die Nähe des Feindes ahndete nach Tangermünde zu. Eine Stunde ungefähr war ich marschiert, als ich in den daselbst befindlichen 8 Meilen großen Wald auf einem freien Platze eine französische Patrouille erblickte. Hierauf ließ ich mich durch den bei mir habenden Boten einen Weg links in den Wald führen und verließ den geraden Weg, doch holte (m)ich noch, ehe ich den Wald erreichte, eine Escadron Französische Chasseurs à cheval vom $22^{\underline{n}}$ Regiment ein, welche und attackierte. Gedachtes Regiment war bestimmt, die Preuß. Kavallerie an dem Übergang über die Elbe zu hindern und hatte angeblich deshalb einen anhaltenden Marsch von 10 Stunden gemacht. In diesem wehrlosen Zustande, sah ich mich notgedrungen, gefangen zu ergeben. Diesen Tag noch wurde ich mit den übrigen Gefangenen bis Willmerstadt transpotiert und andern Tags zum Feldmarschall Soult, welchen ich um Zurückgabe des Kanons, Pferde und Freiheit für mich und die Mannschaft bat und mich auf die Neutralität berief. Es versicherte mich derselbe, dass Sr. Churfürstl. Durchl. die Französische Armee mit Waffen und Pferden unterstützt und alles zu seiner Zeit zurückgegeben werden sollte. Die Rückgabe des letztern, was ich noch an Pferden und Equipage besaß, wurde als Beute erklärt, weil das $22^{\underline{n}}$ Chasseur-Regiment von der Neutralität noch nicht unterrichtet gewesen sein sollte.

Dasselbe Gesuch trug ich ebenso fruchtlos dem französischen Herrn General Marschand vor. Übrigens sicherte man mir meine baldige Freiheit zu und transportierte mich, von allem beraubt, was ich in dieser Kampagne hatte, mit 500 Preuß. und Sächs. Gefangenen , deren letztere Zahl sich nur auf einige 30 belief, bis Merseburg, wo ich erst nach vielen Vorstellungen, die ich dagegen machte, als ich, und weiter nach Naumburg, durch Sächs. Infanterie transpotiert werden sollte, in Freiheit gesetzt und von dem dasigen Commissaire de guerre Hubert mit einem Paß versehen, meine Freiheit erhielt und direkt nach Dresden ging.

Am Schlusse dieses Rapports berühre ich noch, dass der Sergeant Büttner, Feuerwerker Wehlmann, Feuerwerker Meyer, Korporal Engel, Chirurgus Wagner, Unterkanonier Gloss vorzügliche Bravour bezeugt haben.

Der Korporal Kachel von der reitenden Batterie befand sich lange Zeit im Lazarett in Freiberg, und war durch diese lange Versäumnis beim Unterricht der Batterie, soweit in denen, dem Unteroffizier nötigen Kenntnissen zurück geblieben, dass ich ihn, als er sich während des Marsches in die Kampagne als Reconvaleszent meldete, keinen Unteroffizier-Posten beim Geschütz geben konnte, sondern No.1 beim Granatstück zuteilte. Freiwillig erbot sich der Sergeant Büttner, dessen Posten als Unteroffizier beim Kanon in der Bataille zum $14^{\underline{n}}$ Oktbr zu übernehmen, ohnerachtet ihm das Gehen, wegen einem an diesem Morgen ans Bein erhaltenen Pferdeschlag, sauer wurde, sowie der Feldscher Wagner zur Aufsicht bei deren Munitionswagen, welcher letztere während des heftigen feindlichen Kanon-Feuers in die Batterie vorkam und mir meldete, dass es ihm schwer werde, die nötige Ordnung unter den Knechten zu erhalten, da sie stark beschossen würden. Den $16^{\underline{n}}$ und $17^{\underline{n}}$ Oktbr wo ich ohne alle Deckung mit der Batterie marschierte, wurden wir durch französische Kavallerie-Vorposten beunruhigt. Vorgenannte Unteroffiziers nebst einigen Gemeinen, welche freiwillig sich dazu erboten, attackierten selbige jedes Mal mit größter Entschlossenheit.

Georg Friedrich v.Großmann   Premier-Leutnant

An den Herrn Premier-Leutnant v.Großmann Hochwohlgeboren

Rapport

In der Position bei Mittelpöllnitz wurde ich den $10^{\underline{n}}$ Oktbr d.J. früh zwischen 7 und 8 Uhr mit 1 Kanon und 1 Granatstück nebst 2 Munitionswagen gegen Triptis detachiert.

Zur Bedeckung erhielt ich von dem, neben dem rechten Flügel der Batterie postierten Regiment Kochtitzky Kürassier, ohngefähr 40 Pferde unter Kommando des Prem-Leut. von Tettau.

Zu Folge erhaltener Instruktion sollte ich den von Neustadt an der Orla über Triptis gegen den rechten Flügel des Korps kommenden Weg mit meinem Geschütz kommandieren.

Um diese Instruktion nachzukommen, postierte ich mich auf der Höhe diesseits Triptis am rechten Flügel des Korps, ohngefähr 1.600, und von Triptis 1.300 Schritt entfernt, der Terrain war mir hier sehr günstig, dass ich nicht nur auf dem erwähnten Wege jedes Vordringen feindlicher Truppen zu verhindern fähig gewesen wäre, sondern ich bestrich auch die im Tal von Triptis nach Ober- und Mittelpöllnitz gehende Straße.

Da wir so weit vom Korps ohne weitere Kommunikation abgesondert standen, so patrouillierte der Prem.-Leutnant v.Tettau gegen Schönborn und Armannsdorf und stellte in dem 200 Schritt von meinem rechten Flügel entfernten Ravin mehrere Avertissements-Posten aus.

Gegen 9 Uhr begann nach der Gegend Saalfeld eine Kanonade, die sich nach Mittag unsern rechten Flügel zu nähern und gegen 3 Uhr hinter selbigen gezogen zu haben schien.

Nachdem ich vielleicht 1 Stunde auf erwähnten Posten gestanden, kam auf meinen rechten Flügel das Grenad.-Bataillon v.Lichtenhayn, auf dem linken das von Thiolaz an. Ersters postierte sich auf den tète erwähnten Ravins und bildete für das Korps eine Flanke, ich stand mit den beiden Kanons 150 Schritt von dem ausspringenden Winkel dieser erwähnten Bataillons.

Um 1 Uhr erhielt ich durch den General Grafen Tauenzien Befehl, meinen Posten – den selbiger für zu exponiert hielt – zuverlassen und mich hinter der Kavallerie zu setzen, wo ich kurz darauf befehligt wurde, mich wieder zur Batterie zu begeben, welche ich nachts vor dem Geroder Teich aufmarschiert fand.

Kantonnement Vorstadt Freiberg, d. 20^{n} November 1806

Carl Moritz Birnbaum   Sous-Leutnant

Ew. Hochwohlgeboren dem Herrn Artillerie Prem.-Leutnant und Kommandeur der reitenden Batterie v.Großmann

Rapport

Den 13^{n} Oktbr a.c. ward ich mit den zwei von der reiten(den) Batterie zu mir detachierten Kanons, zur Deckung einer Fouragierung kommandiert. Mit diesen passierte ich das Dorf Isserstädt, fand diesseits desselben das Husaren Kommando, wo ich mich bei dem Herrn Obristleutnant v.Ende meldete und von ihm befehligt ward, dem Husaren Kommando immer zu folgen, welches bald hinter Isserstädt, bald bei Vierzehnheiligen aufmarschierte, während dem die Fouragierung mehrerer Dörfer vorgenommen wurde.

Gegen Nachmittag näherte sich die feindliche leichte Infanterie und blänkerte mit unseren Vorposten, zu deren Soutien ich zwischen Isserstädt und Vierzehnheiligen detachiert ward, und 1 Offizier und 1 kleines Kommando zu meiner Bedeckung erhielt.

Es zeigten sich bald mehrere Trupps feindlicher Infanterie auf den gegenüberliegenden Anhöhen, welche aber durch die Wirkung unseres Geschützes sogleich mit Verlust vertrieben wurden. Sie zogen sich in den unserem linken Flügel nahe gelegen Wald und blänkerten daselbst mit unseren leichten Truppen, wo ihnen dann von Seiten der Artillerie kein weiterer Abbruch getan werden konnte. Bald darauf zeigte sich wieder ein Trupp zu Pferde, welcher sich auf die ausgezeichnetste Höhe platzierte, keinen Anteil am Blänkern nahm, sondern nur zu recognoszieren schien, da er jedoch ansehnlich stark war und zu vermuten stand, dass diese Recognoszierung hauptsächlich auf unsere Position abzielte, so hielt ich für schicklich, sie zu zerstören. Ich richtete demnach einige Kanonenschüsse auf diesen Trupp und wie es der Erfolg zeigte, nicht ohne Wirkung, denn der ganze Trupp jagte nach einigen Schüssen en carriere fort und zog sich hinter die Höhe zurück. Hierhin zog sich auch die feindliche Infanterie untern Blänkern nach und nach zurück. Nachdem wieder alles ruhig geworden, ward ich von meinem Posten abgerufen, ich marschierte mit den Husaren zurück und traf bei Sonnenuntergang bei der Batterie und Lager ein.

Meisen, den 20^n November 1806
Carl Heinrich Rouvroy   Artill. Sous-Leutnant

An den Herrn Premier-Leutnant und Kommandeur der reitenden Batterie von Großmann   Hochwohlgeboren

Rapport

Ew. Hochwohlgeboren haben befohlenermaßen über das, was sich seit den 14^n Oktbr als den Schlachttag von Jena, mit uns bei den mir anvertrauten Detachement zugetragen gehorsamst rapportieren sollen.

Es waren nur besagten Tage den 14^n Oktbr., als ich von Ew. Hw. unterhabenden Batterie mit 2 Kanons detachiert, auf Befehl des Herrn General Leutnant v.Zeschwitz und von einer halben Escadron Churfürstl. Sächs. Karabiniers bedeckt, 1.500 Schritt vorrücken und von da aus den Feind zu beschießen, angewiesen war. Der eben eintretende starke Nebel vermochte unfehlbar dem Herrn General Leutnant von Zeschwitz solche zu contremandieren, während ich ad interim hinter dem Regiment Kochtitzky Kürassiers halten musste, als sich der Nebel eben verzogen hatte und die Kavallerie vorrückte, auf eine Anhöhe postiert, von wo aus ich ein nach Isserstädt führendes Tal, sowohl als den vor dem Dorfe liegenden Busch besteichen konnte.

Eine halbe Escadron von des Regiments Prinz Albrecht Dragoner, deckte mich hier, ein Königl. Preuß. Husaren Regiment und die Batterie Bonniot standen auf dem rechten, und einige Escadrons Kochtitzky Kürassiers auf den linken Flügel.

Gegen 2 Uhr Nachmittags wurde(n) die in nur gedachten Busch vor Isserstädt liegenden Königl. Preuß. Feldjäger, von den feindlichen Tirailleurs aus selbigem vertrieben. Der Feind suchte sich hierauf vor selbigem zu formieren, ward mit Kartätschen empfangen und in selbigen zurück geworfen.

Das Dragoner Regiment v.Polenz hatte sich indessen an unseren linken Flügel angeschlossen, die uns bedrohende feindliche Kavallerie mit Erfolg angegriffen und sich unter dem Schutz unseres Feuers wieder formiert. Da jene aber bald darauf mit weit überlegener Stärke gegen die diesseitige vorrückte, so ward der Befehl zur Retirade gegeben und es fielen die mir anvertrauten Kanons, noch ehe ich die Weimarsche Chaussee erreichen konnte, in die Hände der nachsetzenden und umringenden Reiterei hinter Weimar, als bis wohin ich mich, nachdem nicht zu vermeidenden Verlust des Geschützes an einen dem Herrn General Leutnant von Polenz zur Eskorte dienenden Trupp seines Regimentes angeschlossen hatte, traf ich einen Unteroffizier der reitenden Batterie und 3 von den flüchtigen preußischen Fuhrwesen in den Chausseegraben gedrängte zu uns gehörige Munitionswagen, ließ solche mit Hilfe der dabei verbliebenen Kanoniers wieder auf die Straße bringen und en Marsch setzen, und ritt der Batterie nach, welche ich aber wegen bereits eingetretener Dunkelheit aufzufinden nicht vermochte. Wohl aber glückte es mir, mich wieder an des Regiment von Polenz Dragoner anschließen zu können, mit welchen ich bis Schloß Rippach ritt, woselbst einige Stunden biwakieret, den 15^n bis Gehofen bei Artern, den 16^n auf erhaltene Nachricht von dem Andringen der Franzosen bis Riesstadt marschiert ward, von wo aus ich in das zu Ober-Rebellingen befindliche Hauptquartier des kommandieren Herrn Generals von Zeschwitz Excellenz abritt, um mich bei selbigen zu melden und den etwaigen Quartierstand oder Aufenthaltsort der reitenden Batterie zu erfahren, welcher demselben jedoch eben so wenig, als den Herrn Obrist Leutnant Rouvroy bekannt war, bei welchem letzteren ich von da an, bis zu dem, am 2^n Novbr d.J. erfolgten Eintreffen in die Garnision zu Freiberg verblieb.

Freiberg, am 20^n November 1806

Friedrich Gottlieb Probsthayn   Sous-Leutnant

———

Beilage M

Ordre

Ihro Churfürstl. Durchl. von Sachsen haben bei den gegenwärtigen Umständen resolviert, die Wiederherstellung der Batterie reitender Artillerie vor jetzt sein zu lassen.

Es sollen demnach die dabei angestellt gewesenen Offiziers wiederum in des Feld-Artillerie-Korps einrücken, und so lange bis Stellen nach ihren Chargen entledigt werden, unmittelst aber à la suite geführt werden, jedoch mit Beibehaltung ihres jetzigen Tractaments und zwar der Kommandeur bis er zu einer Kompanie gelangt und die übrigen, bis sie zu Stabs-Capitains avanciert.

Die noch vorhandenen und diesem Korps und den Kavallerie-Regimentern bei Errichtung der Batterie gezogenen Mannschaften, an Unteroffiziers, Ober- und Unterkanoniers, sind ebenfalls daselbst wiederum einzurangieren, verbleiben jedoch in den Genuß ihrer bei der reitenden Artillerie gehabten Löhnung.

Die Knechte aber sind zu entlassen, und die Montierungen zu denen kommissariatischen Vorräten abzugeben und daselbst aufzubewahren, damit wenn die Batterie wiederum herzustellen für gut befunden wird, davon Gebrauch gemacht werden können.

Übrigens aber, soll der bei dem Korps sich ereignete Abgang, von jetzt bis nach weitere Anordnungen, nicht wieder ersetzt werden. Höchst Dieselben machen demnach solches dem Kommandanten des Feld-Artillerie-Korps Obristen Birnbaum, hierdurch bekannt mit gnädigstem Befehle, er wolle diesem gemäß das weitere Nötige anordnen.

Gegeben unter Ihro Höchsteigenhändigen Unterschrift

zu Dresden am 12^{n} November 1806

Friedrich August

4.   II. Abschnitt - Die sächsische reitende Artillerie im Jahre 1809

4.1   In Sachsen

In Folge des am Anfang des Jahres 1809 zwischen Frankreich und Östreich ausbrechenden Krieges, wobei sich Sachsen an ersteres anschloß, wurde die sächsische Armee mobil gemacht und die Zusammenziehung derselben bei Dresden untern 8. März anbefohlen. Den Oberbefehl über dies ungefähr 19.000 Mann starke Korps, übernahm der Prinz von Ponte Corvo, welcher den 18.März Revue über dasselbe hielt und dann Mitte April mit demselben zur Großen Armee nach der Donau aufbrach.

Die bei diesem Korps befindliche Artillerie bestand nur aus Fußartillerie und zwar außer dem Park aus:

1 Linien Batterie unter	Premier-Leutnant v.Hiller	
1 ´´	Hauptmann	Coudray
1 ´´	´´	Huthsteiner
1 Reserve ´´	´´	Hoyer

1 Regimentsbatterie in zwei Hälften unter Hauptmann Bonniot und Premier-Leutnant Essenius

doch wurde im Laufe des Feldzuges aus der Batterie v.Hiller eine reitende Batterie auf Befehl des Prinzen ‖ von Ponte Corvo errichtet, auf welche wir später zurückkommen und uns für jetzt nach Sachsen wenden wollen.

Nach dem Abgang des obigen Korps bestand die ganze Besatzung Sachsens mit wenig Ausnahmen noch aus den Depots der Regimenter unter dem Befehl des Obersten Thielmann, welche unter dem 1.Mai auf den mobilen Etat traten, und zu denen Mitte Mai General Major von Dyherrn mit seinem Korps aus dem Herzogtume Warschau stieß.

Bereits unter dem 12$^{\underline{n}}$ April erschien eine königliche Ordre /: Beilage a :/ sowie die nähern Bestimmungen /: Beilage b :/ zur Errichtung einer reitenden Batterie von 6 Stück leichten 8pfd.en Kanonen und 2 Stück 4pfd.en Granatstücken.

Diese Stücke sollten incl. der nötigen Reserve-Piecen von den bespannten Batterien und von den Hauptzeughaus-Vorräten entnommen werden.

Der Etat der Batterie wurde zu

 1 Kommandanten

 3 Subalternoffiziers

Sa. 4 Offiziers mit 4 Pferden

1 Kanonier-Sergeant

2 Feuerwerkern

1 Fourier

1 Chirurg

6 Korporals   ‖

2 Trompeter

20 Oberkanoniers

60 Unterkanoniers

Sa. 93 Mann mit 93 Pferden

sowie 74 Mann mit 140 Pferden vom Train festgesetzt, so aus den oben bezeichneten nähern Bestimmungen zu ersehen ist.

Die 4 Offiziere der früheren reitenden Batterie von 1806, als

Hauptmann	Georg Friedrich v.Großmann als Kommandant
Premier-Leutnant	Carl Moritz Birnbaum
Sous-Leutnant	Carl Heinrich Rouvroy
,,	Friedrich Gottlieb Probsthayn

sowie 67 Unteroffiziers und Gemeine, welche noch bei dem Artillerie-Korps und den 4 Chevauxlegers-Regimentern dienten, sollten bei der neu zu formierenden Batterie wieder angestellt und die zur Erfüllung des Etats nötige Mannschaft von 27 Mann von dem Feld-Artillerie-Korps abgegeben, sowie die Reitpferde von den Artillerie-Pferden und Kavallerie-Regimentern genommen werden.

Die Auswürfe zum 12^n April und 19^n Mai 1809 /: Beilage c und d :/ bestimmten die Löhnung und die übrigen Gebührnisse.

Die Uniform war gleich der im Jahre 1806 nur erhielt die reitende Artillerie neue Überknöpfhosen und Tschakos statt der Hüte; zur Pferdeequipage wurden ‖ Wurstsättel aus den Kammerbeständen der Chevauxlegers-Regimenter gegeben, über welche grüntuchene Waldrappen mit gelber Rundschnur getragen wurden.

Die Errichtung der Batterie sollte mit dem 1^n Mai beginnen und trafen zu diesem Zwecke in den ersten Tagen des Monats in Reichardswerben und Kusendorf bei Weißenfels mit Ausschluß des Hauptmanns, welcher bereits nach Leipzig abgegangen war, die übrigen 3 Offiziere, so wie der größte Teil der Mannschaften und 30 Stück Pferde, welche aus dem Park gehoben wurden, ingleichen zur Instruktion der Mannschaft im Reiten

1 Leutnant von Leyser von der Kavallerie

1 Unteroffizier	von den Kürassiers
1 ,,	vom Regiment Clemens
1 ,,	,, ,, Johann

ein. Während des Standes daselbst, wurden die Requisiten etc. ausgegeben, die Mannschaft vollzählig gemacht und vollkommen equipiert und im Reiten unterrichtet.

Den $10^{\underline{n}}$ ging Prem.Leutnant Birnbaum mit einem Teil der Mannschaft nach Leipzig ab, dem Sous-Leutnant Probsthayn mit dem übrigen Teil und den unterdessen übernommnen 10 Reitpferden und 130 Stück Zugpferden am $14^{\underline{n}}$ folgte. Die Batterie ‖ lag in Gohlis und trafen daselbst die Geschütze und noch fehlenden Pferde, teils von der Kavallerie, teils durch Beschaffung bis zum $18^{\underline{n}}$ ein, so dass die Batterie nun den festgesetzten Etat von:

1 Kommandant			
3 Subalternoffizieren			
1 Kanonier-Sergeant	mit	1 Pferd	
2 Feuerwerkern	''	2 ''	
1 Fourier	''	1 ''	Artillerie
1 Chirurg	''	1 ''	
6 Korporals	''	6 ''	
2 Trompetern	''	2 ''	
20 Oberkanoniers	''	20 ''	
60 Unterkanoniers	''	60 ''	

Sa. 4 Offiziers und 93 Mann mit 93 Pferden

1 Rechnungsführer	mit	1 Pferd	
1 Chirurg	''	1 ''	
2 Schirrmeister	''	2 ''	
2 Wagenbauer	''	2 ''	
1 Schmiedemeister	''	1 ''	vom Train
1 Schmiedegeselle	''	1 ''	
1 Sattlermeister	''	1 ''	
1 Wagnermeister	''	1 ''	
64 Trainsoldaten	''	130 ''	

Sa. 74 Mann mit 140 Pferden

TSa. 4 Offiziers, 167 Man mit 237 Pferden /incl. 4 Offiziers-Pferde/ hatte.

Es wurde der Unterricht und das Exerzieren hier fortgesetzt und exerzierte bereits den $6^{\underline{n}}$ Juni die reitende Batterie vor Sr Majestät dem König, welcher sich zu dieser Zeit in Leipzig aufhielt.

Den $11^{\underline{n}}$ marschierte ‖

1 Hauptmann v. Großmann mit		1 Pferd	⌉
1 Prem.Leutnant Rouvroy /unterdessen zum Prem.ltn. avanciert/			‖
1 Sergeant	mit	1 Pferd	‖
1 Chirurg	ʺ	1 ʺ	‖
3 Korporals	ʺ	3 ʺ (incl. 1 aggr.)	⊩ Art.
1 Trompeter	ʺ	1 ʺ	‖
10 Oberkanoniers	ʺ	10 ʺ	‖
25 Unterkanoniers	ʺ	25 ʺ	‖
5 Dragoner	ʺ	5 ʺ	⌋

Sa. 2 Offiziers, 46 Mann mit 47 Dienstpferden

1 Rechnungsführer	mit	1 Pferd	⌉
1 Sattler	ʺ	1 ʺ	‖
1 Schirrmeister	ʺ	1 ʺ	‖
1 Wagenbauer	ʺ	1 ʺ	⊩ Train
10 Unterschirrmeister	ʺ	20 ʺ	‖
20 Trainsoldaten	ʺ	40 ʺ	‖
1 Trainsoldat	ʺ	4 ʺ	⌋

und 4 Geschützen /: 3 leichte 8pfd.e Kanonen und ein 4pfd.es Granatstück :/ so wie den nötigen Wagen von Gohlis, stieß zu 2 kombinierten Schwadronen Kürassiere unter Oberstleutnant v.Schlieben und traf mit demselben den $14^{\underline{n}}$ Juni bei dem von Dresden bis Weißenfels zurückgehenden sächs. Korps unter General Major von Dyherrn und Oberst Thielmann, welches zur Deckung Sachsens bestimmt war, bei Borna ein, wo es nebst den bei diesem Korps befindlichen sächsischen Husaren nach Zedlitz gelegt ward.

Ohne zu sehr ins Detail zu ‖ gehen, erwähnen wir nur, dass in Böhmen der Herzog Friedrich Wilhelm von Braunschweig, so wie der vertriebene Kürfürst von Hessen mit ihren Anhängern, kleine Korps geworben hatten und ersterer bereits am $14^{\underline{n}}$ Mai bereits aus Böhmen in der Lausitz eingerückt war und daselbst mehrere Gefechte mit den Sachsen vorgefallen waren, dass das sächsische Korps Dresden, vor dem über Dippoldiswalde und Gießhübel unter dem Oberbefehl des k.k. Generals am Ende eindringenden 10.000 Mann starken Feind, bestehend aus österreichischen Linientruppen und Landwehr, den braunschweigischen und hessischen Korps mir ungefähr 20 Kanonen nicht halten konnte und sich daher auf dem Rückmarsch nach Weißenfels befand.

Das sächsische Korps zählte nach der mit den reitenden Geschützen zugleich erhaltenen Verstärkung von 2 Schwadronen Kürassiere, 1 Schwadron Husaren und 1 Division des Regiments Burgsdorff unter den Waffen:

714 Mann Kavallerie

1.475 Mann Infanterie

__282 Mann Artillerie mit Train__

Sa. 2.471 Mann mit 14 Geschützen ‖ von der Fuß-Artillerie und 4 reitenden Geschützen.

Nach Ankunft der erwähnten Verstärkung wurde der Rückzug nicht weiter fortgesetzt, das Korps blieb bis zum 17^{n} daselbst stehen, wo es auf die erhaltene Nachricht von dem Vorrücken es braunschweigischen Korps bis Oschatz, über Pegau bis Rippach marschierte und daselbst ein Biwak bezog.

Den 18^{n} marschierte das Korps bis Lützen, die reitende Batterie wurde mit den Schützen und Chevauxlegers bis Markranstädt vorgeschoben.

Den 22^{n} ging das Korps bis Weißenfels zurück. Die reitende Batterie, 2 Kommandos Kürassiere und Husaren nebst den Schützen bildeten die Nachhut und blieben bei Löhsau stehen, von wo sie sich später auf das Vorrücken des Feindes bis Lützen auf den Schirnhübel zurückzogen.

An demselben Tage traf Premier-Leutnant Birnbaum mit 1 Pferd

1 Feuerwerker	mit	1 Pferd
1 Fourier	ʹʹ	1 ʹʹ
1 Korporal	ʹʹ	1 ʹʹ
1 Trompeter	ʹʹ	1 ʹʹ
6 Oberkanoniers	ʹʹ	6 ʹʹ
10 Unterkanoniers	ʹʹ	10 ʹʹ
5 Dragoner	ʹʹ	5 ʹʹ

Sa, 1 Offizier 25 Mann mit 26 Dienstpferden   ‖

1 Schirrmeister	mit	1 Pferd
1 Wagenbauer	ʹʹ	1 ʹʹ
1 Wagnermeister	ʹʹ	1 ʹʹ
1 Schmiedemeister	ʹʹ	1 ʹʹ
1 Schmiedegeselle		
7 Unterschirrmeister	ʹʹ	14 ʹʹ
9 Trainsoldaten	ʹʹ	18 ʹʹ

Sa. 21 Mann   mit   36 Pferden

1 8pfd.ge Kanone

1 4pfd.ges Granatstück

1 Granatwagen

1 Kugelwagen

bei der reitenden Batterie mit 110 Pferden Kavallerie unter Major von Mörner aus Sömmerda ein, in welcher Gegend die Depots der Regimenter und auch das Depot der Batterie unter Sous-Leutnant Probsthayn zu dieser Zeit stand.

Den 24^n ging das Korps, zu dem der westfälische General d'Albignac mit 2.750 Mann /: von dem König Jerôme aus Sondershausen zur Unterstützung gesandt :/ am 23^n gestoßen war und der den Oberbefehl übernommen hatte, bis Lützen und den 25^n früh bis Leipzig das der Herzog von Braunschweig, in der Nacht geräumt hatte. Oberst Thielmann ging mit der Kavallerie und reitenden Artillerie im Trabe zur Verfolgung voraus, erreichte jedoch den Feind nicht und nahm nur wenige Mann gefangen. Die reitende Artillerie wurde mit den Schützen und Jägern auf den Thonberg verlegt. ‖

Den 26^n marschierte das Korps bis Colditz und den 27^n über Waldheim, wo der Vortrab mit der reitenden Artillerie unter Oberst Thielmann in Etzdorf auf eine feindliche Patruille des jenseits Marbach auf der Höhe aufmarschierten ganzen feindlichen Korps unter General Ende stieß.

Die reitende Artillerie fuhr auf und unterhielt mit der feindlichen Artillerie eine der großen Entfernung wegen unwirksame Kanonade.

Der fernere Angriff der diesseitigen Korps unterblieb, der vorteilhaften Stellung des Feindes wegen, es zog sich bis Masseney zurück, während Obrist Thielmann mit den zurückgelassenen Truppen, wobei die reitende Artillerie, den Rückzug derselben deckte und bis gegen 8 Uhr Abends stehen blieb, wo er dann bis auf die Höhe hinter der Strigis und von da den 28^n nach Mitternacht bis zu den Korps des Generals d'Albignac bei Masseney zurückging. Von wo die reitende Artillerie mit dem größten Teil der Truppen in die Stellung bei Riehzenhayn rückte.

Am 29^n Juli, wo General Gratien mit der 4.000 Mann starken holländischen Division bei Waldheim eintraf und das ‖ vereinigte Korps /: 10te Armee Korps :/ unter dessen Befehle gestellt wurde, kamen 4 reitende Geschütze zu dem Vortrab unter Thielmann.

König Jerôme traf ein und nahm in Hartha sein Hauptquartier.

Die Östreicher zogen sich nach Dresden und die Braunschweiger über Frankenberg nach Chemnitz zurück, worauf am 30^n früh in Verfolgung der Östreicher Obrist Thielmann mit dem Vortrabe bis Limbach marschierte und, da der Feind Dresden geräumt, Abends daselbst mit der unter General d'Albignac indessen eingetroffenen Kavallerie einrückte.

Den 1^n Juli, wo König Jerôme in Dresden eintraf, wurde der Vortrab bis Strehla, Reick, Dobritz, Lauban und Prohlis vorgeschoben.

Den 3^n Juli wurde eine Abteilung zu 2.200 Mann mit 468 Pferden, von den sächsischen Husaren und Chevauxlegers, der sächsischen Infanterie, dem westfälischen Gardejäger Bataillon, der reitenden Batterie und 2 4pfd.en Kanonen Fußartillerie bestehend unter Obrist Thielmann ‖ bei Sporwitz zusammengezogen und marschierte bis Gießhübel um zur Beobachtung des über Peterswalde zurückgegangen Generals am Ende, von dem man die Absicht einer Vereinigung mit dem von Bayreuth her im Anmarsch befindlichen östreichischen

Feldmarschall Leutnant Baron Kienmayer vermutete, zu dienen, während König Jerôme mit dem Hauptkorps auf Altenberg marschierte. Diese Abteilung marschierte über Altenberg, Fraunstein, Marienberg, Kommotau, Chemnitz, Zwickau, Zeulenroda und traf den 13$^{\underline{n}}$ bei dem in einem Lager bei Oettersberg unter König Jerôme vereinigten Korps wieder ein.

Außer kleinen Plänkeleien fiel nichts Bemerkenswertes auf dem ganzen Marsch vor.

Der Feind 20.000 Mann stark befand sich zwischen Hof und Oelsnitz und ward vom König Jerôme der Befehl zum Rückzug gegeben, welchen Obrist Thielmann mit seiner Abteilung decken musste.

Den 14$^{\underline{n}}$ brach man auf, der Nachtrab, wobei die reitende Batterie, stieß vor Neustadt auf ‖ einige 100 Mann braunschweigische Kavallerie, die angegriffen und zurückgeschlagen wurde, Abends wurde bis über Hummelshayn und den 15$^{\underline{n}}$ bis Kahla marschiert, wo Thielmann den Befehl erhielt, mit seinem Korps nach Dresden zu marschieren.

König Jerôme hatte sich nach Erfurt mit seinem Korps gezogen, General Kienmayer wand sich mit seinem Korps gegen das Voigtland und General am Ende stand mit 6.000 Mann bei Dresden, während das braunschweigischer Korps in Neustadt war.

Obrist Thielmann marschierte den Tag mit dem kleinen sächsischen Korps noch bis Jena, den 16$^{\underline{n}}$ bis Eisenberg, den 17$^{\underline{n}}$ bis Zeitz, den 18$^{\underline{n}}$ mit der Kavallerie und reitenden Artillerie bis Rochlitz, den 20$^{\underline{n}}$ verammelte sich das Korps bei Nossen und marschierte bis an die Weißeritz-Brücke bei Dresden, wo der Waffenstillstand bekannt wurde und das Korps zwischen Priesnitz und Plauen Quartier bezog, bis es nach Räumung Dresdens von den Östreichern den 22$^{\underline{n}}$ früh daselbst einrückte.

Den 24$^{\underline{n}}$ rückten mit dem zur Vertreibung der bei Zwickau stehenden Braunschweiger bestimmten Korps 2 reitende Kanonen aus, welche Bestimmung geändert und der Marsch nach Leipzig anbefohlen wurde, wozu noch ‖ 2 reitende Geschütze den 26$^{\underline{n}}$ abgingen; das Korps vereinigte sich bei Grimma und traf den 27$^{\underline{n}}$ in Leipzig ein.

Den 28$^{\underline{n}}$ rückte das Korps zur Verfolgung der Braunschweiger bis Lauchstädt, blieb hier stehen und traf den 3$^{\underline{n}}$ August wieder in Leipzig ein, wohin Sr Majestät der König am 9$^{\underline{n}}$ zurückkehrte.

Die Truppen folgten dem König nach Dresden, wo später die Nachricht, des am 20$^{\underline{n}}$ Oktober zu Schönbrunn abgeschlossenen Friedens eintraf.

Vom Bestande der reitenden Batterie waren:

1 Feuerwerker

1 Korporal

2 Oberkanoniers

3 Unterkanoniers

beim mobilen Korps kommandiert, so dass das Depot unter Sous-Leutnant Probsthayn noch bestand aus:

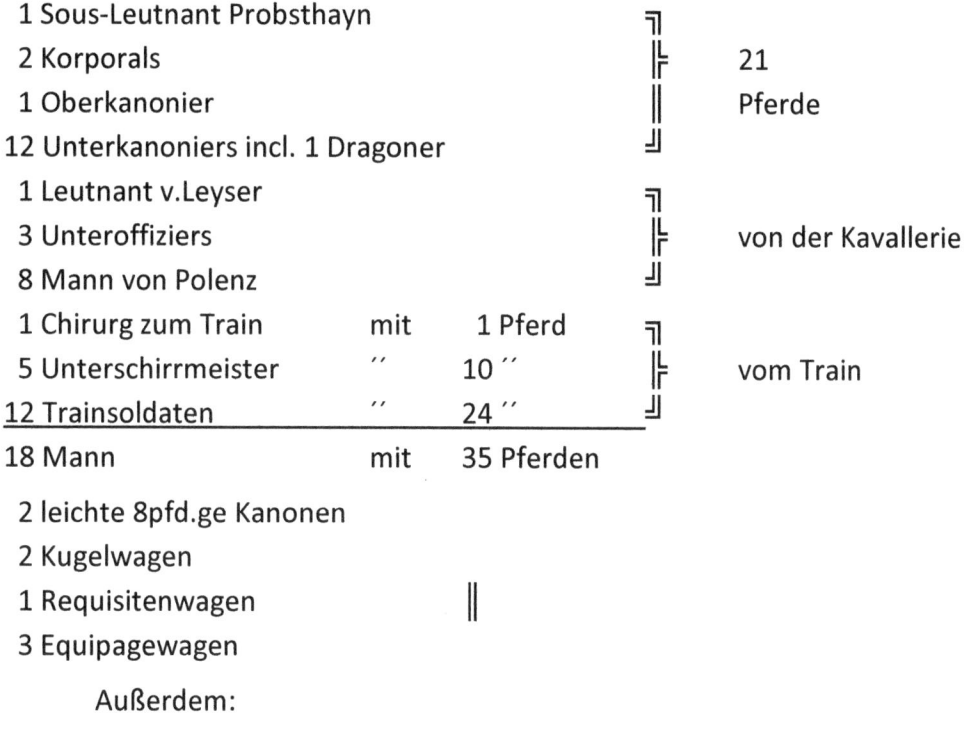

1 Sous-Leutnant Probsthayn

2 Korporals   21

1 Oberkanonier   Pferde

12 Unterkanoniers incl. 1 Dragoner

1 Leutnant v.Leyser

3 Unteroffiziers   von der Kavallerie

8 Mann von Polenz

1 Chirurg zum Train   mit   1 Pferd

5 Unterschirrmeister   ˮ   10 ˮ   vom Train

12 Trainsoldaten   ˮ   24 ˮ

18 Mann   mit   35 Pferden

2 leichte 8pfd.ge Kanonen

2 Kugelwagen

1 Requisitenwagen

3 Equipagewagen

      Außerdem:

1 Zeugdiener

14 Munitionswagen

38 Mann und 67 Pferde

Leutnant Probsthayn marschierte nach Abgang des Leutnants Birnbaum über Weißenfels, Naumburg, Buttelstedt zugleich mit den übrigen Depots unter den Befehlen des Generals v.Senfft und traf das Depot der reitenden Artillerie den 3^{n} August in Gebesee ein.

Es fiel auf dem Marsche nichts Bemerkenswertes vor, die Mannschaften und Rekruten wurden exerziert.

Leutnant Probsthayn eskortierte den 8^{n} mit 10 Mann und 10 Pferden S^{n} Majestät den König von Gannstedt bis Erfurt.

Den 9^{n} ging das Depot über Querfurt, Merseburg, Leipzig, Grimma, Meißen nach Dresden zurück und trafen den 25^{n} daselbst bei der Batterie ein, welche in Pesterwitz und Umgegend kantonierte.

Während die Batterie hier stand, fanden mehrmals Revuen vor Sr Majestät dem König, so wie Feldmanöver in Verbindung mit den in Dresden stehenden Franzosen statt.

Hauptmann v.Großmann erhielt hier das Patent als Major. ‖

Den 2^n November rückte die reitenden Batterie in Radeburg und Ebersbach wieder ein, nachdem sie aus der Fußartillerie noch Pferde ausgehoben hatte.

Das in Ebersbach stehende Detachement wurden den 22^n nach Berbisdorf und Bernsdorf verlegt.

Premier-Leutnant Birnbaum und Rouvroy wurden später als Capitains zum Fuß-Artillerie-Regiment versetzt.

4.2 Die sächsische reitende Batterie im Feldzug an der Donau 1809

Es ist schon zu Anfang dieses Abschnitts erwähnt worden, dass ein sächsisches Korps, bestehend aus ungefähr 19.000 Mann, unter den Oberbefehl des französischen Generals Bernadotte gestellt ward und später zu dem Feldzug in Österreich aufbrach.

Dieses Korps war in 2 Divisionen unter den Befehl des Generals von Zeschwitz formiert und bildete später mit den Württembergern das 9te Armee-Korps.

Das sächsische Korps traf in Linz mit den Württembergern unter Vandamme zusammen, wo den ‖ 17^n Mai die österreichisch-böhmische Armee unter Colloredo den Übergang über die Donau zu erzwingen suchte, jedoch von den Württembergern und der sächsischen Kavallerie zurückgeschlagen und von den Anhöhen des Böslingsberges[5] vertrieben wurde.

Auf Befehl den General Bernadotte ward zu Ende Mai, als das sächsische Korps noch auf dem rechten Ufer der Donau stand, aus der Fuß-Batterie von Hiller eine reitende Batterie zu 4 Geschützen, aus 3 leichten 8pfd.en Kanonen und 1 Haubitze bestehend, formiert. Die Mannschaft wurde ohne Weiteres in Gamaschen und kurzen gelben Hosen, wie damals die Fuß-Artillerie ging, auf Trainpferde gesetzt und hier soviel als möglich einexerziert, jedoch hatte die Batterie ein schlechtes Ansehen, da sowohl die Pferde eben nicht zum Reiten tauglich waren und die Mannschaften wenig oder nichts vom Reiten verstanden.

Die Batterie bestand aus:

1 Premier-Leutnant Carl Friedrich Freiherr von Hiller als Commandant
2 Sous-Leutnants August Schmidt und Carl Adolph Dietrich
1 Kanonier-Sergeant (früher Feuerwerker)   mit   1 Pferd

---

[5] Pöstlingsberg

Abb. 02   Der österreichische Kriegsschauplatz

4 Korporals		mit	4 Pferden
1 Trompeter (von Prinz Johann dazu kommandiert)		ʺ	1 ʺ
40 Ober- und Unterkanoniers		ʺ	40 ʺ ‖

NB: Leutnant Schmidt starb später als Major im Generalstab und Leutnant Dietrich ist der jetzige Major und Kommandant der 1$^{\underline{n}}$ Artillerie-Brigade im Fuß-Artillerie-Regiment.

Zum Glück der Batterie bei ihrer schlechten Ausrüstung nahm dieselbe an den früheren Schlachten (*ergänzt* und Gefechten dieses Feldzuges keinen Anteil und übergehen wir daher dieselben, von der Schlacht) bei Abensberg an, bis zu der Schlacht bei Wagram, wo die reitende Batterie zum ersten Mal ins Gefecht kam.

Die Truppen welche Kommorn, Graiz und Linz besetzt hatten, hatten Befehl erhalten, sich mit der großen Armee zu vereinigen und war infolge dessen, das sächsische Korps wobei die reitende Batterie war, von Linz aufgebrochen und in den letzten Tagen des Juni über St.Pölten, bis Sichartskirchen vorgerückt. Den 2$^{\underline{n}}$ Juli ging das Korps von Hüttendorf über Ebendorf an die Donau, verblieb in dieser Stellung bis den 3$^{\underline{n}}$ Abends, von wo es zu den Massenaschen und Oudinotschen Korps auf der Insel Lobau stieß.

Am 4$^{\underline{n}}$ Abends kam der Befehl, Abends 8 Uhr die Bewegungen zu beginnen und ging in Folge dessen das Oudinotsche und Massenasche Korps unter dem entsetzlichen Donner ‖ wetter und Regenguß über den letzten Arm der Donau, während die Sachsen auf der Insel von der linken Seite von einer österreichischen schweren Batterie bis früh gegen 2 Uhr stark beschossen wurden und hierdurch viel Mannschaft verloren.

Die Österreicher ungefähr 160.000 Mann stark, unter Erzherzog Carl, hatten Essling, Aspern, Enzersdorf und das rechte Donauufer befestigt und durch Verschanzungen verbunden.

Den 5$^{\underline{n}}$ früh erhielt das sächsische Korps Befehl aufzubrechen und auf den linken Flügel zu rücken; es passierte gegen Nachmittags 2 Uhr den letzten Arm der Donau, wobei, da der Feind hier bereits durch die Franzosen aus den ersten Verschanzungen getrieben war, kein Widerstand statt fand.

Nachdem den 5$^{\underline{n}}$ Mittags die Franzosen vorgerückt waren, der Feind Enzersdorf geräumt und sich auf Wagram und Stammersdorf zurückgezogen hatte[6], gingen

---

[6] NB: <u>Beilage</u> aus dem Tagebuch eines sächs. Offiziers – Militair Wochenblatt No. 976
Es ward langsam über Raschdorf in die Gegend von Aderklaa vorgerückt, die Kavallerie attaquirte und warf den Feind. Die Infanterie stürmte Wagram, nahm es und musste es wegen eines Irrtums wieder preisgeben, obgleich neuerdings gestürmt wurde. – In der Gegend von Aderklaa biwakierte die Kavallerie ganz nah dem Feinde. Den 6$^{\underline{n}}$ früh begann die Schlacht, Aderklaa wurde geräumt und in der Direktion auf Süssenbrunnen zurückgegangen, wo die Sachsen sich mit dem Massenaschen Korps vereinigten und die Offensive wieder ergriffen. Die Infanterie sollte Aderklaa wieder nehmen. – 60 Geschütze der Garde und 40 leichte so ihr attachiert waren

die Sachsen Abends bis an den Rußbach vor und griffen unter Bernadotte Wagram an, welches auch Abends spät durch das Bataillon Low nach heftigem Kampf genommen wurde. ‖

Allein in der Dunkelheit der Nacht hatten sich die Sachsen gegenseitig für Feinde gehalten, so dass die sächsische Garde auf das Bataillon Low, Niesemeuschel auf die Garde, Maximilian auf letztere und die Schützen auf Maximilian feuerten. Durch die dadurch entstandene Verwirrung ging Wagram wieder verloren und brachten beide streitende Parteien die Nacht in der größten Nähe zu.

Mit Anbruch des 6^{n} Juli begann das schrecklichste Kanonen- und Haubitzfeuer, wobei jedoch das feindliche Geschütz an Zahl auf diesem Flügel dem sächsischen bei weitem überlegen war und letztere bedeutenden Verlust erlitten. In dieser Lage blieb es bis gegen 11 Uhr, wo ein neuer Angriff gegen Wagram von den Sachsen unternommen wurde, die jedoch von den feindlichen Geschützen in die Flanke genommen, zurückweichen mussten. Die Verwirrung im Rückzug konnte trotz des Beistandes der sächsischen Batterie nicht gehemmt werden, die Coudrayische Batterie ward hierbei ziemlich ganz ruiniert.

Der unsrige linke Flügel zog sich hierauf über Aderklaa zurück, mehrere Bataillons formierten Karrees und die Ordnung ward wieder hergestellt. Während dem durchdrang Macdonald das ‖ Zentrum des Feindes, Davout nahm Wagram und Macdonald's Kolonnen, die schwere Reiterdivision der Garde zu Pferde und 100 Kanonen schritten zum Angriff, wobei Lauriston mit dieser ungeheuren Batterie im Trabe bis auf halbe Schussweite gegen die österreichische Schlachtlinie vorrückte, und das österreichische Geschütz zum Schweigen brachte.

Der Feind war hierdurch gezwungen, seine Stellung an dem Rußbach zu verlassen und sich zurückzuziehen. Abends 6 Uhr war die Schlacht zu Gunsten der Franzosen entschieden. Der sächsischen reitenden Batterie wurden in dieser Schlacht 3 Stück Geschütz demontiert, worauf sie 3 Stück österreichische 6pfd.ge Kanonen und 1 Haubitze erhielt.

Den 6^{n} Abends kam das sächsische Hauptquartier nach Leopoldau, wo es bis zum 7^{n} Mittags blieb.

Da die Sachsen nun nicht mehr als nur 4.000 Mann noch unter Waffen hatten, so gingen sie bis Enzersdorf zurück und biwakierten daselbst bis zum 10^{n}.

Kaiser Napoleon der mit Bernadotte unzufrieden war, nahm demselben das Kommando und wurden die Sachsen unter die Befehle ‖ des Generals Reignee[7] gestellt.

---

rückten auf Kartätschenschuß und 5 - 7 Regimenter Kürassiere im Galopp vor, Davout rückte auf dem rechten Flügel vor. – Das sächsische Korps ging nach gewonnener Schlacht in die Gegend um Leopoldsau.

[7] Reynier. Dieser General oberkommandierte die Sachsen auch in den Feldzügen von 1812 und 1813.

Das Oreillsche Korps behauptete den Posten von Marchek und ward der Vicekönig von Italien nebst dem sächsischen Korps zur Einnahme desselben befehligt. Allein als dieses Koprs bei Klinzersdorf angekommen und den $11^{\underline{n}}$ früh die Bewegungen gegen Marchek begonnen hatte, hatte der Feind diesen Posten bereits verlassen. Das Korps blieb bei Marchek bis zum $13^{\underline{n}}$ Juli stehen, wo die Nachricht von dem geschlossenen Waffenstillstand eintraf.

Ungeachtet letztern fand später ein Überfall durch Österreicher statt, in welchem Gefecht bei Stampfen 2 Geschütze der reitenden Batterie mitwirkten.

Die Österreicher wurden ziemlich ganz aufgerieben. Die Sachsen kamen später nach Pressburg zu stehen, wo den $13^{\underline{n}}$ September eine neue Formierung stattfand.

In Folge dessen ward der Etat der reitenden Batterie folgendermaßen festgesetzt:

1 Premier-Leutnant Freiherr v. Hiller

2 Sous-Leutnants   Schmidt und Dietrich

1 Sergeant	mit	1 Pferd
1 Fourier	ʺ	1 ʺ
1 Chirurgus	ʺ	1 ʺ
7 Korporals	ʺ	7 ʺ
2 Trompeter	ʺ	2 ʺ
79 Ober- und Unterkanoniers	ʺ	79 ʺ

1 Schirrmeister

1 Wagenmeister

2 Schmiedegesellen

1 Sattlergeselle

1 Wagenbauer

54 Trainsoldaten   mit   108 Zugpferden

4 Stück 6pfd.e Kanons

2 Stück 7pfd.e österreichische Haubitzen

4 Stück 6pfd.e Kugelwagen

4 österreichische Granatwagen

1 Infanterie-Patronenwagen

1 Kavallerie-Patronenwagen

1 Requisitenwagen

1 österreichische Feldschmiede

Sämtliche Geschütze und Fuhrwesen wurden 6spänning bespannt.

Sous-Leutnant Dietrich übernahm hier einstweilen das Kommando der Batterie, da die beiden andern Offiziere krank waren.

Die Mannschaften erhielten Säbel, Stiefel mit Sporen und Reithosen.

Die Batterie wurde hier an Pferden vollzählig gemacht, doch mussten 20 Pferde wegen Untauglichkeit zum Dienst wieder ausrangiert werden.

Die Batterie ward während ihres Standes zu Pressburg ‖ ausgearbeitet und bis zum November in diensttüchtigen Zustand gesetzt, wozu von der Kavallerie Offiziere und Unteroffiziere zum Unterricht im Reiten gegeben wurden.

Nach dem am 20^{n} Oktober 1809 zu Schönbrunn zwischen Östreich und Frankreich abgeschlossenen Frieden, kehrte später die sächsische Armee nach Sachsen zurück und kam die reitende Batterie von Hiller nach Ruhland zu stehen, wo sie mit 4 Geschützen und 16 Zugpferden einrückte.

Bei der neuen Formierung der reitenden Artillerie im Jahre 1810 wurden die beiden Sous-Leutnants Dietrich und Schmidt zur Fuß-Artillerie versetzt.

Anmerkung Da ich die gehofften detaillierten Nachrichten von dem Anteil der reitenden Batterie an der Schlacht bei Wagram und dem Gefecht bei Stampfen bis jetzt nicht erhalten habe, so bin ich hier jetzt nicht im Stande gewesen, denselben ausführlich anzugeben. Vielleicht gelingt es mir, diese Nachrichten später zu erhalten, wo ich sie sodann in der Ausarbeitung des nächsten Jahres nachträglich beifügen werde. ‖ Das wenige hier angeführte habe ich teils durch die Güte des Herrn Major Dietrich, teils aus einem mir vorliegenden Bericht eines sächsischen Offiziers von Süßmilch über die Schlacht bei Wagram gezogen.

Was diesen Feldzug überhaupt betrifft, so habe ich zugleich den 25^{n} Band von dem Buch „ Unsere Zeit oder geschichtliche Übersicht der merkwürdigsten Ereignisse" benutzt. Ich habe hierzu allerdings mehrere Abweichungen mit dem angeführten Bericht, in Hinsicht des Anteils der Sachsen an der Schlacht bei Wagram gefunden, bin jedoch dabei mehr nach letzterem gegangen.

Das obige Werk ist wohl etwas parteiisch von einem französischen Offizier geschrieben und wird der Sachsen zum Vorteil der Franzosen stets nur als Fliehende gedacht, obgleich ihr großer Verlust in der Schlacht, schon das Gegenteil beweist, und General Bernadotte in einem Tagesbefehl der Tapferkeit der Sachsen vollkommene Gerechtigkeit widerfahren ließ.

Beilage a

Ihro Königl. Majestät von Sachsen sind gemeint, sofort eine Batterie reitender Artillerie formieren zu lassen und machen dem Kommandanten des Feld-Artillerie-Kompanien Obersten Birnbaum Dero diesfallsige Entschließung, mittelst der von Höchst Demselben eigenhändig unterzeichneten Anfüge bekannt, mit gnädigstem Befehle, er wolle solchem gemäß seines Orts das Nötige zur Beförderung des Zwecks beitragen und anordnen.

Gegeben unter Ihro Königl. Majestät Höchsteigenhändigen Unterschrift zu Dresden am 12 April 1809

Friedrich August

Ordre

von Cerrini

An den Kommandanten des
Feldartillerie-Korps, Obersten
Birnbaum

Pietzsch

Die Errichtung einer Batterie
Reitender Artillerie betreffend

———

Beilage b.

Ihro Königl. Majestät Resolution zur Errichtung einer Batterie reitenden Artillerie

1.

Ihro Königl. Majestät haben hierzu

6 Stück leichte 8pfd.e und

2 Stück 4 pfd.e Granatstücke

welche incl. der nötigen Reserve Piecen von den bespannten Batterien und den Hauptzeughaus-Vorräten zu entnehmen sind und zu deren Bedienung

  1 Kommandanten
  3 Subalternoffiziers
Sa. 4 Offiziers mit 4 Pferden

  1 Kanonier-Sergeant
  2 Feuerwerkern
  1 Fourier
  1 Chirurg
  6 Korporals

2 Trompeter

20 Oberkanoniers

<u>60 Unterkanoniers</u>

Sa. 93 Mann mit 93 Pferden

Zum Train

1 Rechnungsführer	mit	1 Pferd
1 Chirurgus	ʼʼ	1 ʼʼ
2 Schirrmeister	ʼʼ	2 ʼʼ
2 Wagenbauer	ʼʼ	2 ʼʼ
1 Schmiedemeister	ʼʼ	1 ʼʼ
1 Schmiedegeselle	ʼʼ	1 ʼʼ
1 Sattlermeister	ʼʼ	1 ʼʼ
1 Wagnermeister	ʼʼ	1 ʼʼ
Sa. 10 Mann	mit	10 Pferden

Zu 6 Stück leichten 8pfd.ern	18 Trainsoldaten	mit	36 Pf.
Zu 2 Stück 4pfd.en Granatstücken	6	ʼʼ	ʼʼ	12 ʼʼ
Zu 6 Stück 8pfd.en 6spännigen Kugelwagen	18	ʼʼ	ʼʼ	36 ʼʼ
Zu 2 Stück 4pfd.en 4spännigen Granatwagen	4	ʼʼ	ʼʼ	8 ʼʼ
Zu 4 Stück Requisitenwagen 4spännig	8	ʼʼ	ʼʼ	16 ʼʼ
Zu 1 Stück Proviantwagen 4spännig	2	ʼʼ	ʼʼ	4 ʼʼ
Zu 1 Stück Fouragewagen 6spännig	3	ʼʼ	ʼʼ	6 ʼʼ
Summa	59 Mann	mit	118 Pf.

<u>Hierüber</u>

1 Proviantwagen des Kommandanten der Batterie	1 Mann	mit	4 Pf.
Reserve	4 ʼʼ	ʼʼ	8 ʼʼ

Sa. 4 Offiziers 167 Mann 237 Pferde /incl. 4 Offizierspferde/

2.

Die bei der vorherigen reitenden Batterie gestandenen 4 Offiziers und 67 Unteroffiziers und Gemeine, welche sich noch bei dem Artillerie-Korps und den 4 Chevauxlegers Regimentern befinden, nämlich:

1 Fourier

1 Feuerwerker

5 Korporals

2 Trompeter

15 Oberkanoniers

<u>22 Unterkanoniers</u>

46 Mann bei dem Feldartillerie-Korps

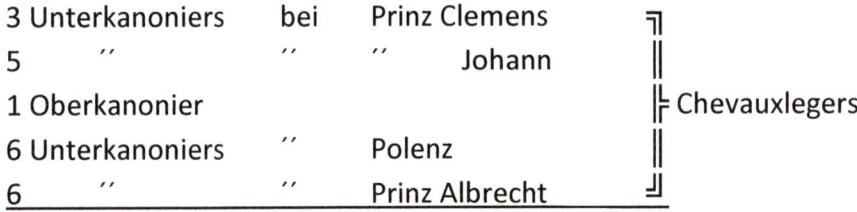

3 Unterkanoniers	bei	Prinz Clemens	
5 ''	''	'' Johann	
1 Oberkanonier			Chevauxlegers
6 Unterkanoniers	''	Polenz	
6 ''	''	Prinz Albrecht	

Sa. 67 Mann

sind bei der jetzt zu formierenden reitenden Batterie wiederum anzustellen, die zur Erfüllung des Etats noch ermangelnden 26 Mann von dem Feldartillerie-Korps abzugeben.

3.

Die für Unteroffiziers und Gemeine erforderlichen Reitpferde sollen von den anjetzt vorhandenen Artillerie-Pferden, so weit diese zu Reitpferden tauglich befunden werden, ausgesucht, die alsdann noch fehlenden Pferde von den Kavallerie Regimentern abgegeben werden.

4.

Es sind hiernächst die von den Kavallerie-Regimentern wiederum zum Dienst bei der reitenden Batterie zu ziehenden Mannschaften einstweilen mit der Leibesmontur der Fuß-Artillerie zu versehen, welche Montur denen dieselbe abgebenden Capitains des Feld-Artillerie-Korps zu vergüten ist. Dagegen sind ‖

5.

Ungarische Hosen und Stiefel von der Art, wie sie bei der vorherigen Batterie geführt wurden, neu anzuschaffen.

6.

Sämtliche Mannschaften sind zur Unterscheidung von der Fuß-Artillerie mit Tschakos zu versehen.

7.

Zur Equipage der Pferde sind aus den Kammer-Vorräten der Chevauxlegers Regimenter die daselbst vorhandenen Wurstsättel gegen billig mäßige Bezahlung zu erlangen zu suchen, und über die Sättel grüntuchene Waldrappen mit gelben Rundschnüren nach dem Schnitt der Chevauxleger Regimenter anzuschaffen.

Dresden am 12$^{\underline{n}}$ April 1809

Friedrich August

Beilage c

Auswurf des Verpflegungsbetrags für die vermöge Spezial-Rescripts vom 12^{n} April 1809 zu errichtende Batterie reitender Artillerie auf dem allerhöchst approbierten Etat

A Batterie / Tractement	Monatliches Land-Tractement à			Summe			Monatliches Feld-Tractement / Feldzuschuß und resp. Verpflegung à			Summa			Portionen à	Su.	Rationen à	Su.
	Thl	Gr	Pf	Thl	Gr	Pf	Thl	Gr	Pf	Thl	Gr	Pf				
1 Capitain als Kommandeur				48						13	8			6		8
3 Sous-Leutnants	27			81			5			15			2	6	3	9
4 Mann/ Su. Tractement				129						28	8			12		17
Beurlaubungsentschädigung										50						
Löhnung																
1 Kanonier-Sergeant m.Pfd.				8	3	9								1		1
2 Feuerwerker m. 2 Pferden	7	4	3	14	8	6							1	2	1	2
1 Fourier 1 "				7		9	4							1		1
1 Chirurg 1 "				7	8		4							1		1
6 Corporals 6 "	6	4	9	37	4	6							1	6	1	6
2 Trompeter 2 "	4	16		9	8								1	2	1	2
20 Oberkanoniers 20 "	3	19	4	76	2	8							1	20	1	20
60 Unterkanoniers 60 "	3	2		180	10								1	60	1	60
93 Mann mit 93 Pfd.				339	22	2								93		93
Hierüber: an Löhnungszuschuß auf 93 Mann Unteroffiziers und Gemeine		12		46	12											
Übrige Gebührnisse Beimontierungsgeld auf 93 M. nämlich 91 beritten im Lande u. Felde	20	4	41/60	77	7	6 11/60	5			18	23					
2 nur im Felde	13	9	1/10	1	3	6 1/5	11	7	11/12		23	3 1/6				
Medikamentengeld auf 93 M.	2			7	18				6	1	22	6				
zu Unterhaltung des Seitengewehrs auf 93 Mann		4		1	7											
" " der Feldflaschen auf 93 Mann		1			7	9										
" " der 2 Trompeten	3				6											
Kurgeld auf 93 Pferde 91 Pferde im Lande u. Felde	1			3	19		1			3	19					
2 Pferde nur im Felde							2				4					
Remontegeld für 91 Pferde 9 Unteroffz.-Dienstpferde	14			5	6		7	6		2	19	6				
82 Gemeinen-Dienstpferde	6	6		22	5		3	9		12	19	6				
Kleidergeld für 93 Mann	7	4		28	10				9	2	21	9				
Kopfgeld für 93 Mann	2			7	18		2			7	18					

	Monatliches Land-Tractement		Monatliches Feld-Tractement Feldzuschuß und resp. Verpflegung		Portionen		Rationen	
Quartiergeld für Oberoffiziers monatlich	à Thl Gr Pf	Summe Thl Gr Pf	à Thl Gr Pf	Summa Thl Gr Pf	à	Su.	à	Su.
1 Capitain		3 18						
3 Sous-Leutnants	2 8	7						
		10 18						
desgleichen für 93 Mann als								
91 Berittene à 15 Gr.	56 21							
2 Unberittene à 8 Gr.	16	57 13						
desgleichen f. 2 Wachstuben	1 21	3 18						
Fouragegeld 91 Dienstpferde	4	364						
desgleichen für 5 Offz.pferde nämlich								
2 Pferde f.d.Commandanten	4							
3 Pferde f. 3 Sous-Leutn.	4	20						
Summa der Gebührnisse								
97 Mann mit 93 Pfd.		1126 23 8 3/8		131 4 6 1/4		105		110
B Beim Train								
Gehalt und Löhnung								
1 Rechnungsführer m. 1 Pf.				7 4 9		1		1
1 Chirurg 1 Pferd				7 12		1		1
2 Schirrmeister 2 "			4 21	9 18	1	2	1	2
1 Wagenbauer 1 "		2 12		4		1		1
1 dergl. 1 "				2 16		1		1
1 Schmiedemeist. 1 "		7 20						
1 Schmiedegesel. 1 "		5 21						
1 Sattlermeister 1 "		7 20						
1 Wagnermeister 1 "		7 20						
59 Artillerie u. Trainsoldaten zu Geschütz u. Fuhrwesen, als								
16 aus dem Feldartillerie-Corps, ingleichen								
30 Trainsoldaten zu leichten 8pfd. u. 2 4pfd. Granatstücken, 6 Kugel- u. 2 Grantwagen, nämlich	2 8 2	37 10 8	3 10	2 13 4	1	59	1	118
16 Mann im Land u. Felde	2 12	40						
14 Mann nur im Felde			2 12	30				
13 Trainsoldaten zu 4 Requisiten- u. 1 Fouragewagen								
8 Mann im Lande und Felde	2 12	20						
5 Mann nur im Felde			2 12	12 12				
59 Mann mit 118 Pferden								

	Monatliches Land-Tractement						Monatliches Feld-Tractement Feldzuschuß und resp. Verpflegung						Portione		Ratione	
	à Thl	Gr	Pf	Summe Thl	Gr	Pf	à Thl	Gr	Pf	Summa Thl	Gr	Pf	à	Su.	à	Su.
4 Trainsoldaten Reserve mit 8 Pferden, nämlich																
2 Mann im Lande u. Felde	2	12		5									1	2	1	4
2 Mann nur im Felde							2	12		5			1	2	1	4
1 dergl. zum Proviantwagen des Kommandeurs der Batterie mit 4 Pferden										2	12			1		4
Löhnungszuschuß auf 70 M. excl. der Handwerker																
43 Mann im Lande u. Felde		12		21	12											
27 Mann nur im Felde								12		13	12					
Übrige Gebührnisse																
m.Ausschluß auf 16 Stangenreiter, Beimontierungsgeld für 10 Mann, nämlich																
1 Wagenbauer i.Land, unb.				20	4	41/60				5						
5 Mann/ 1 Rechnungsführer																
1 Chirurg, 2 Schirrmeister,																
1 Wagenabuer nur i.Feld							1	1	4 41/60	5	6	11 5/12				
4 Handwerksleute im Lande unberitten		11	3/4	3	11			8	7 7/12	1	10	6 1/3				
Desgl. für 48 Trainsoldaten																
26 im Lande und Felde		12	3 39/40	13	8	7 7/20		1	6	1	15					
22 nur im Felde								13	9 39/40	12	16	3 9/20				
Medizingeld für 54 Mann excl. der Handwerker und Stangenreiter																
27 im Lande und Felde		2		2	6				6		13	6				
27 nur im Felde								2	6	2	19	6				
Zur Unterhaltung des Seitengewehrs auf 58 Mann, näml.																
5 Mann im Lande u. Felde			4		1	8										
53 Mann nur im Felde									4		17	8				
Zur Unterhaltung der Feldflaschen auf 58 Mann, näml.																
31 Mann im Lande u. Felde			1		2	7										
27 Mann nur im Felde									1		2	3				
Kurgeld auf 140 Pferde als																
52 Geschützpferde im Lande und Felde		1		2	4			1		2	4					
88 übrige Zug- u. Reitpferde								2		7	8					
Hufschlag für 130 Pferde als																
52 Pferde im Lande u.Felde		8		17	8											
78 Pferde nur im Felde								8		26						

	Monatliches Land-Tractement						Monatliches Feld-Tractement Feldzuschuß und resp. Verpflegung						Portionen		Rationen	
	à			Summe			à			Summa			à	Su.	à	Su.
Kopfgeld für 58 Mann als	Thl	Gr	Pf	Thl	Gr	Pf	Thl	Gr	Pf	Thl	Gr	Pf				
31 m Lande u. Felde	2			2	14		2			2	14					
27 Mann nur im Felde							4			4	12					
				38	21	2 1/30				68		8 1/5				
Remontegeld für																
56 Zugpferde	14			32	16		12			28						
4 Proviantpferde							1	2		4	8					
Quartiergeld für Mannschaft und Pferde																
5 Unberittene	8			1	16											
28 Knechte und 56 Pferde	23			26	20											
Fouragegeld für 56 Pferde	4			224												
Hierzu				285	4					32	8					
Kleidergeld für 6 Mann als																
1 Mann im Lande u. Felde					7	4					9					
5 Mann nur im Felde							8	1		1	16	5				
Dergl. für 48 Trainsoldaten																
26 Mann im Lande u. Felde	6	4		6	20	8		9			19	6				
22 Mann nur im Felde							7	1		6	11	10				
Übrige Gebührnisse auf 16 Unterkanoniers als Stangenreiter																
Beimontierungsgeld	9	4	1/4	6	5	6 2/5	2	6		1	16					
Medikamentengeld	1	6		1				6			8					
zur Unterhaltung Lederwerk	4		3/5	6	1	3/5										
Feldequip.	3		3/5	4	9	3/5										
Seitengew.	3		3/29	4	1	19/29										
Feuergew.	10		4/5	14	4	4/5										
Gratifikation	2	2	2/5	1	11	2 2/5	1	1	1/5		17	7 1/5				
Kopfgelder	2			1	8		2			1	8					
				11	6	2 3/4				4	1	7 1/5				
Zur Wiederanschaffung der Lederwerksstücke		5	5/18		7	4/9										
Kleidergelder	7	9		5	4		2		2/3	1	8	10 2/3				
				5	11	4/9				1	8	10 2/3				
Summa beim Train auf 74 Mann und 140 Pferde																
				503	18					213	3	9		74		140
Summa bei der reitenden Batterie mit Train																
177 Mann mit 233 Pferde				1.630	17	9 1/4				344	8	3 3/8		179		250
Summa Summarum	**1.975 Thaler 2 Groschen und 5/8 Pfennige**															

Beilage d

Auswurf des Geldbetrags an Tractement, Löhnung auch übrigen Gebührnisse, für die mobile Batterie reitender Artillerie mit Train

A Batterie	Monatliches Land-Tractement à			Summe			Monatliches Feld-Tractement / Feldzuschuß und resp. Verpflegung à			Summa			Portionen à	Su.	Rationen à	Su.
Tractement — Thl Gr Pf	Thl	Gr	Pf	Thl	Gr	Pf	Thl	Gr	Pf	Thl	Gr	Pf	à	Su.	à	Su.
1 Capitain als Kommandeur				48						9	4			6		8
1 Premier-Leutnant				34						5				2		3
2 Sous-Leutnants	27			54			5			10			2	4	3	6
				136						24	4			12		17
Beurlaubungsentschädigung										50						
4 Mann/ Su. Tractement				136						74	4			12		17
Löhnung																
1 Kanonier-Sergeant m.Pfd.				8	3	9								1		1
2 Feuerwerker m. 2 Pferden	7	4	3	14	8	6							1	2	1	2
1 Fourier 1 "				7		9					4			1		1
1 Chirurg 1 "				7	8						4			1		1
6 Corporals 6 "	6	4	9	37	4	6							1	6	1	6
2 Trompeter 2 "	4	16		9	8								1	2	1	2
20 Oberkanoniers 20 "	3	19	4	76	2	8							1	20	1	20
60 Unterkanoniers 60 "	3		2	180	10								1	60	1	60
Hierüber																
1 Trainsoldat 4 "										2	22			1		4
				339	22	2				3	6			94		97
an Löhnungszuschuß auf 93 Mann Unteroffiziers und Gemeine	12			46	12											
1 Trainsoldat											12					
Übrige Gebührnisse																
Beimontierungsgeld auf 93 M. als 91 beritt. i.Lande u.Felde	20	4	41/60	77	7	6 11/60	5			18	23					
2 nur im Felde	13	9	1/10	1	3	6 1/5	11	7	11/12	23	3	1/6				
desgl. 1 Trainsoldat											6					
Medikamentengeld auf 93 M.		2		7	18			6		1	22	6				
desgl. auf 1 Trainsoldaten											1	6				
zu Unterhaltung des Seitengewehrs auf 93 Mann		4		1	7											
desgl. auf 1 Trainsoldaten											4					
" " der Feldflaschen auf 93 Mann		1			7	9										
" " der 2 Trompeten	3				6											
Kurgeld auf 93 Pferde																
91 Pferde im Lande u. Felde	1			3	19		1			3	19					
2 Pferde nur im Felde							2				4					

	Monatliches Land-Tractement						Monatliches Feld-Tractement Feldzuschuß und resp. Verpflegung									
	à			Summe			à			Summa			Portionen		Rationen	
	Thl	Gr	Pf	Thl	Gr	Pf	Thl	Gr	Pf	Thl	Gr	Pf	à	Su.	à	Su.
Kurgeld auf 91 Dienstpferde im Lande und Felde	1			3	19		1			3	19					
2 dergl. nur im Felde							2				4					
Kur-, Hufschlag- und Remontegeld auf 4 Proviantpferde							1	12		6						
Kopfgeld für 93 Mann	2			7	18		2			7	18					
Hierzu				97	16	3 3/8				39	21	7 1/8				
Kleidergeld für 93 Mann	7	4		28	10				9	2	21	9				
Summa der Gebührnisse				126	2	3 7/8				42	19	4 1/8				
Summa der Verpflegung bei der Batterie auf																
98 Mann und 93 Pferde				648	12	5 3/8				120	17	4 1/8		106		114
B Beim Train																
Gehalt und Löhnung																
1 Rechnungsführer m. 1 Pf.										7	4	9		1		1
1 Chirurg 1 Pferd										7	12			1		1
2 Schirrmeister 2 "							4	21		9	18		1	2	1	2
1 Wagenbauer 1 "				2	12						4			1		1
1 dergl. 1 "										2	16			1		1
1 Schmiedemeist. 1 "				7	20									1		1
1 Schmiedegesel. 1 "				5	21									1		1
1 Sattlermeister 1 "				7	20									1		1
1 Wagnermeister 1 "				7	20									1		1
28 Trainsoldaten mit 56 Pfrd. zu Geschütz u. Reserve nämlich																
9 Mann mit 18 Pferden	2	8	2	21	1	6	3	10		1	10	6	1	9	1	18
19 Mann mit 38 Pferden	2	12		47	12								1	19	1	38
35 dergl. mit 70 Pferden zum Munition und übrigen Fuhrwesen als:																
13 Mann mit 26 Pferden	2	8	2	30	10	2	3	10		2	1	10	1	13	1	26
22 Mann mit 44 Pferden							2	12		55			1	22	1	44
98 Mann mit 136 Pferden				130	20	8				85	19	1		78		136
Löhnungszuschuß auf																
69 Mann excl. d. Handwerker als																
42 Mann im Lande u.Felde		12		21												
27 Mann nur im Felde								12		13	12					

Übrige Gebührnisse	Monatliches Land-Tractement à Thl Gr Pf	Summe Thl Gr Pf	Monatliches Feld-Tractement Feldzuschuß und resp. Verpflegung à Thl Gr Pf	Summa Thl Gr Pf	Portionen à	Su.	Rationen à	Su.
Beimontierungsgeld auf								
10 Mann nämlich								
1 Wagenbauer i.Lande unberitten		20 4 41/60		5				
5 Mann, Rechnungsführer, Chirurg, Schirrmeister u. Wagenbauer nur i.Felde			1 1 4 41/60	5 6 11 5/12				
4 Handwerker i.Lande unberitten	11 3/4	3 11	8 7 7/12	1 10 6 1/3				
Desgl. auf 63 Trainsoldaten und zwar								
19 Mann im Lande u.Felde	12 39/40	9 18 3 21/40	1 6	1 4 6				
22 dergl.	9 4 3/20	8 3 10 3/10	4 5 33/40	4 2 8 3/20				
22 im Felde			13 9 39/40	12 16 3 9/20				
Medikamentengeld auf								
96 Mann excl. d. Handwerker nämlich								
22 Mann im Lande u.Felde	1	22	1	22				
20 dergl.	1 6	1 6	6	10				
27 im Felde			2	2 6				
Zu Unterhaltung des Seiten-gewehrs auf 73 Mann als:								
22 Mann im Lande u.Felde	3 3/29	5 8 8/29	26/29	1 7 21/29				
24 dergl.	4	8						
27 im Felde	.		4	9				
Zu Unterhaltung der Feld-flaschen auf 73 Mann als:								
24 Mann im Lande u.Felde	1	2						
49 im Felde			1	4 1				
Kurgeld auf 136 Pferde als								
56 Geschützpferde i.Lande u.Felde	1	2 8	1	2 8				
80 Zug u.Reitpferde im Felde			2	6 16				
Hufschlag auf 126 Pferde als								
56 Pferde im Lande u.Felde	8	18 16						
70 Pferde im Felde			8	23 8				
Kopfgeld auf 73 Mann als								
46 Mann im Lande u.Felde	2	3 20	2	3 20				
27 Mann im Felde			4	4 12				
		46 23 10 3/4		69 18 8 1/8				
Hierzu								
Kleidergeld auf 6 Mann als								
1 Mann im Lande u.Felde		7 4		9				
5 Mann im Felde			8 1	1 16 5				

	Monatliches Land-Tractement		Monatliches Feld-Tractement Feldzuschuß und resp. Verpflegung		Portionen		Rationen	
	à Thl Gr Pf	Summe Thl Gr Pf	à Thl Gr Pf	Summa Thl Gr Pf	à	Su.	à	Su.
Desgleichen auf 63 Train-soldaten als								
22 Mann im Lande u.Felde	7 9	7 2 6	2 2/3	1 21 2 2/3				
19 dergleichen	6 4	5 4	9	14 3				
22 im Felde			7 1	6 11 10				
		12 10 2		80 11 1 3/4				
Summa der Gebührnisse		59 10 3/4		80 11 1 3/4				
Summa beim Tarin auf								
73 Mann mit 136 Pferden		211 6 8 3/4		179 18 3 3/4		73		136
Summe bei der reitenden Batterie nebst Train auf								
171 Mann mit 233 Pferden		859 19 2 1/8		300 11 6 7/8		179		250

1160 Thlr 6 Gr. 9 Pf.

Dresden am 19n Mai 1809

Königl. Sächsisches Kriegs- Commissariat

5.   Quellennachweis

Handschriftliches Original im Sächsischen Staatsarchiv – Hauptstaatsarchiv Dresden, 11342 Artillerieformationen, Nr.154

Zur Verifizierung verwendete Literatur

Stamm- und Rangliste der Churfl. Sächs. Armee auf das Jahr 1806

Stamm- und Rangliste der Königl. Sächs. Armee auf das Jahr 1809

Abbildungen

01	Akte 154 im Bestand 11342 HStA Dresden
02	A new map of the Post Roads of Germany and Hungary, Laurie & Whittle 1802

Hinweis

Die Genehmigung zur Veröffentlichung der oben angeführten Quelle ist vom Hauptstaatsarchiv in Dresden unter dem Aktenzeichen D1-7512.2-2/5737 erteilt worden.

Zur sächsischen Artillerie und den Feldzügen von 1806 und 1809 sind in dieser Reihe bei BoD bereits erschienen: